Revisitando a Teoria do Direito

Revisitando a Teoria do Direito

DESCONSTRUÇÃO DAS BASES COLONIZADAS DO DISCURSO JURÍDICO

2023

Guilherme Roman Borges

ALMEDINA

REVISITANDO A TEORIA DO DIREITO
DESCONSTRUÇÃO DAS BASES COLONIZADAS DO DISCURSO JURÍDICO

AUTOR: Guilherme Roman Borges

DIRETOR ALMEDINA BRASIL: Rodrigo Mentz
EDITORA JURÍDICA: Manuella Santos de Castro
EDITOR DE DESENVOLVIMENTO: Aurélio Cesar Nogueira
ASSISTENTES EDITORIAIS: Larissa Nogueira e Rafael Fulanetti
ESTAGIÁRIA DE PRODUÇÃO: Laura Roberti

DIAGRAMAÇÃO: Almedina
DESIGN DE CAPA: Roberta Bassanetto

ISBN: 9786556279107
Julho, 2023

Dados Internacionais de Catalogação na Publicação (CIP)
(Câmara Brasileira do Livro, SP, Brasil)

Borges, Guilherme Roman
Revisitando a teoria do direito : desconstrução
das bases colonizadas do discurso jurídico /
Guilherme Roman Borges. -- São Paulo : Almedina, 2023.

ISBN 978-65-5627-910-7

1. Direito - Teoria I. Título.

23-158256 CDU-340.11

Índices para catálogo sistemático:

1. Direito : Teoria 340.11
Eliane de Freitas Leite - Bibliotecária - CRB 8/8415

Este livro segue as regras do novo Acordo Ortográfico da Língua Portuguesa (1990).

EDITORA: Almedina Brasil
Rua José Maria Lisboa, 860, Conj.131 e 132, Jardim Paulista | 01423-001 São Paulo | Brasil
www.almedina.com.br

À minha mãe, Dona Erna,
para quem gostaria de poder contar
o que está escrito adiante.

APRESENTAÇÃO

Nosso país é profundamente marcado pelo passado colonial escravista. A Independência e a promulgação da República não mudaram o status social daquela parcela da população constituída por ex-escravos, de origem não europeia, indígena e africana. O fundamento, a justificativa, para a colonização passava por uma explicação pseudocientífica acerca do atraso das sociedades não europeias, que viveriam em estágios de evolução anteriores aos já alcançados pela Europa. Esse racismo cultural levou à negação de todas as formas de organização social e cultural que não levassem em consideração o modelo europeu de governo, constituído por um Estado centralizado e uma economia mercantil-capitalista. O racismo colonial permaneceu camuflado ao longo da constituição da República, coberto por uma ideologia assimilacionista. No entendimento das autoridades nacionais, centralizadoras, somos um só povo e uma só nação, ou seja, somos todos descendentes de europeus ou europeizados, leia-se, embranquecidos através da mescla do sangue europeu com o indígena ou o africano. A presença do 'sangue' branco europeu serve para 'purificar' o indivíduo e assim torná-lo cidadão brasileiro. Trocando em miúdos, quanto mais melanina o indivíduo tiver, menos cidadania, isto é, reconhecimento de direitos ele ou ela terão.

A situação das populações indígenas foi agravada ao longo do século XX por terem sido tratadas como cidadãos tutelados, a quem caberia ao Estado cuidar, aprisionando-os em reservas, como em campos de concentração, e de onde só poderiam sair com a autorização. Como mostra o Relatório Figueiredo, a tutela das populações indígenas pelo estado brasileiro representou a continuação do massacre colonial, com mortes, torturas, perda de terras, garimpo, violência. Foi só quando a Constituição de 1988 começou a regular a demarcação das terras indígenas que a situação começou a melhorar um pouco, ainda que essas demarcações ocorram a passos lentíssimos, sabotadas por políticos que defendem os interesses de grileiros, madeireiros, garimpeiros, agropecuaristas, entre outros.

Além da ganância capitalista, que perpetua o modelo predatório colonial, outro grande entrave a integração e pacificação nacional é a falta de reconhecimento por parte do poder público de que não somos afinal um só povo e uma só nação. Somos uma país multicultural, em que coexistem diversas etnias, cada qual com seus hábitos, costumes e leis.

Quando Pedro Álvares Cabral chegou ao Brasil, o cronista Pero Vaz de Caminha escreveu ao rei relatando o achado e dizendo que a população local era constituída por povos sem rei ou leis. Começa aí, com este documento de 1500 a trajetória de séculos de massacre dos povos indígenas sob a alegação europeia de que eram seres selvagens que necessitavam de lei e comando, tanto religioso, quanto terreno. Grandíssima farsa. Como mostra o antropólogo francês Pierre Clastres em *A sociedade contra o Estado* (1978), o comando das comunidades indígenas de maneira geral é caracterizado por predicados alheios ao modelo de poder europeu, este baseado na coerção e na subordinação. Os traços distintivos de um chefe nas duas Américas são generosidade (um chefe deve estar disposto a renunciar a seus pertences), capacidade oratória (somente um bom orador pode ascender à chefia), e 'fazedor da paz' (ele é o poder moderador que intermedia entre partes em conflito dentro do grupo). Todas essas características estão fundamentadas na noção de 'troca'. O Chefe não é alguém que simplesmente dá ordens a súditos que lhe obedecem, mas sim alguém que dá palavras, bens e conselhos em troca do respeito de todos da aldeia. Sua função de chefe termina a partir do momento que não se dispõe mais a elaborar discursos, doar seus bens ou promover a paz entre os membros do grupo. A colonização marca um processo de apagamento dos modos de organização próprios às diversas nações indígenas. Criou-se um mito da superioridade europeia e do arcaísmo e precariedade das comunidades e sociedades aqui existentes. Consideradas de modo discriminatório como arcaicas, sem capacidade econômica que não fosse a economia de subsistência, iletradas. Esses preconceitos serviram para fundamentar a tomada da terra indígena para desenvolvimento de uma economia mercantil 'superior'.

Trabalhos como o de Guilherme Roman Borges nos mostram a necessidade de refundarmos nossa República sob a égide não mais do Estado moderno europeu, centralizador, mas de uma nação multicultural, multilíngue. Em uma nação assim, multinacional, os dispositivos jurídicos seriam adaptados às visões de mundo de cada povo. Importante reflexão nos traz Guilherme Borges sobre a necessidade de respeitarmos os mecanismos mediante os quais cada aldeia, cada povo indígena resolve seus problemas, julga seus infratores. Essa é uma lição dura para o feminismo, quando por exemplo da aplicação da Lei Maria da Penha. Para muitas de nós parece absurdo que uma indígena vítima de mal tratos não queira a punição de seu companheiro. Ocorre, porém, que para ela a lei do branco esfacela o sentido de comunidade. Cabe ao grupo, ao coletivo, determinar a punição. Por mais que para nós isso soe estranho, o afastamento do agressor não é o que a vítima deseja. Ela quer que ele simplesmente deixe de agredi-la. Hoje em dia, as agressões contra mulheres dentro das aldeias são decorrentes muito mais das condições precárias de vida das comunidades indígenas em reservas, leia-se, campos de concentração modernos, longe das terras de seus ancestrais. A falta de autonomia e de sustento levam muitos homens ao alcoolismo e à violência. Mesmo os povos que vivem em seus territórios ancestrais, hoje têm dificuldades de colher da terra e da caça os meios de sua sobrevivência por causa das invasões, poluição dos rios, desmatamentos das matas. A violência doméstica não pode, portanto, ser tratada como um fator isolado, separado das condições de vida dos povos indígenas e tão pouco pode servir de justificativa para intervenção do poder estatal e de perda de autonomia decisória das comunidades.

Baseando-se na 'antropologia por demanda' da argentina Rita Segato, Guilherme Borges propõe a criação de uma 'antropologia do direito', na qual o direito coloque seu saber à serviço das comunidades e dos povos indígenas. Para que isso ocorra é preciso em um primeiro momento que o ator do direito, seja ele magistrado ou professor, faça um giro decolonial em sua visão acerca dos povos originários, deixe de vê-los a partir dos parâmetros herdados da perspectiva histórica e da cultura eurocêntricas. Borges segue os passos de Segato no campo do direito brasileiro: denuncia a colonização da juridicidade brasileira, construída a partir das mais diversas matrizes de racionalidade jurídica europeia.

A leitura de *Revisitando a teoria do direito: desconstrução das bases colonizadas do discurso jurídico* traz um alento para todes, todos e todas, principalmente nesse momento tenebroso do nosso país, quando jornalistas e ativistas são mortos por defenderem minorias sociais das violências e injustiças cometidas em nome de uma lógica perversa do capitalismo depredador.

SUSANA DE CASTRO
Rio de Janeiro, Junho de 2023

PREFÁCIO

Guilherme Roman Borges apresenta nesta obra reflexão inovadora e ousada, com a possibilidade de reflexos e repercussões nas mais diferentes dimensões do ser, do saber e do poder jurídicos, tanto na esfera da teoria como da prática. Inovadora de maneira geral em relação ao mundo jurídico e, ao mesmo tempo, inovadora em relação à sua produção anterior. Ousada porque transita em passadas largas da denúncia crítica do "posto" ao anúncio do "proposto" descolonial crítico.

1. A existência: modernidade/colonialidade e desconstrução

A pesquisa do autor parte da existência de uma mudança paradigmática produzida no espaço/tempo crítico do pensamento Pós-colonial/subalterno/decolonial/descolonial. De algum modo faz menção explícita a tal contexto histórico, econômico, social, cultural, jurídico, especialmente em registro teórico e filosófico conceitual e categorial. Quando a menção não é explícita aos âmbitos indicados, pois nem sempre é possível, nem desejável, o encaminhamento dos argumentos pressupõe o contexto e a lógica dos processos coloniais e descoloniais. Esse parece ser o horizonte mais largo da reflexão, porquanto a via mais curta no mirante epistêmico seja a do movimento histórico e conceitual modernidade/colonialidade/descolonialidade, e sua determinaçao mais sintética do chamado "giro descolonial", na expressão de Nelson Maldonado-Torres, sempre com o olhar voltado para a teoria do direito.

E se parece correto dizer que a matéria, que serve de mediação reflexiva aos desdobramentos da ideia a ser alcançada e concretizada no livro, tem seus contornos estabelecidos nas premissas, na intencionalidade, nos conceitos, nas categorias e teses do grupo modernidade/colonialidade e seu "giro descolonial", a fase seminal do pensamento pós-colonial é pelo menos sempre pressuposta, um antes necessário, ao ponto tal que venha permitir no depois a diferença colonial. E a pressuposição primeira é que haja aí uma relação. A posição de uma relação entre pós-colonial e descolonial, incluída nisso a variante decolonial.

Essa pressuposição se projeta, inicialmente, neste livro duplamente: uma forma jurídica descolonial tem sua arqué nesse duplo, o pós e descolonial. Parece assim, pois o autor sugere e pretende construir uma teoria descolonial do direito, a partir de insinuações brasileiras, sejam elas teóricas e/ou práticas. É na estrutura dessa dupla pressuposição que se engendra seu outro ponto de partida na condição de exigência sem a qual a realidade efetiva, a existente, deixaria de ser a referência fundante da proposta em jogo. Situação que nessa condição designa mais um pressuposto, a do sujeito no sentido originário de *sub-iectum*, é o que é, está ou existe antes e no fundo, e por isso fundamenta: a experiência no caso do "estupro de vulnerável" na tribo guarani de Cerco Grande na realidade brasileira (caso narrado na "Apresentação" do livro). Portanto, escreve contra o desperdício da experiência, situada na exterioridade! Porém há mais, a existência dessa experiência em sentido paradigmático de exemplaridade figura como terceira pressuposição do "proposto" pelo autor como não apenas outro paradigma (Kuhn), mas como paradigma outro (descolonial).

Os pressupostos.

O pressuposto Pós-colonial e subalterno. O movimento do Pós-colonialismo, sob o ponto de vista teórico, caracteriza-se por um conjunto de aportes que tem sua fonte nos estudos literários e culturais a partir dos anos de 1980, particularmente nas universidades dos EUA e da Inglaterra. Por reunirem alguns traços comuns são chamados de pensamento Pós-colonial, em razão dos processos de independência política, especialmente nos continentes asiático e africano.

Entre os muitos aspectos comuns aos estudos orientados pelo pós-colonialismo, entre outros, destaco a opção metódica da desconstrução dos essencialismos e a proposta de uma epistemologia crítica às ideias dominantes de modernidade e mesmo à própria concepção de modernidade; assim também a sugestão de que o termo colonial se refere a diversas situações de dominação e opressão expressas nas hierarquias de gênero, étnicas ou raciais e ambientais, entre outras (Ballestrin, 2013, p. 90-91).

Há, porém, precursores a serem lembrados em sua denúncia crítica para que seu passado se torne inacabado e tomada por nós como exigência na qual o real, que já foi, transforme-se numa ainda possibilidade a ser atualizada. Assim, a ser mencionados Franz Fanon, martinicano, com seu *Os condenados da terra* (1961), Aimé Césaire, martinicano, em *Retrato do colonizado precedido de retrato do colonizador* (1947), Albert Memmi, tunisiano, com *Discurso sobre o colonialismo* (1950), e posteriormente Edward Said, palestino, com *Orientalismo* (1978). Os títulos das obras apontam para a necessária crítica da situação de subalternidade.

E é esse o outro movimento a ser referido, surgido na década de 1970 a "reforçar o pós-colonialismo como um movimento epistêmico, intelectual e político" (Ballestrin, 2013, p. 92). Trata-se do Grupo de Estudos Subalternos, liderado por Ranajit Guha, e que tinha por finalidade "analisar criticamente não só a historiografia colonial da Índia feita por ocidentais europeus, mas também a historiografia eurocêntrica nacionalista indiana" (Grosfoguel, 2008, p.116), bem como a historiografia marxista ortodoxa (Castro-Gómez e Mendieta, 1998)" (Ballestrin, 2013, p. 92). A proposta indica com nitidez a perspectiva de uma crítica pós-colonial. Tais estudos se tornaram conhecidos na década de 1980 fora da Índia, particularmente pela pensadora indiana Gayatri Chakrabarty Spivak a destacar seu livro *Pode o subalterno falar?*, apresentando o trabalho do grupo ao público estadunidense, e introduzindo nas análises o desconstrutivismo de Deleuze e Derrida. Ainda na década de 1980, o debate se estendeu na crítica literária e nos estudos culturais na Inglaterra e nos Estados Unidos, cujos autores de destaque mais conhecidos no Brasil são o indiano Homi Bhabha com o *Local da cultura* (1994), o jamaicano Stuart Hall com *Da diáspora* e o inglês Paul Gilroy com *Atlântico negro*. Assim "Em um contexto de globalização, cultura, identidade (classe/etnia/gênero), migração e diáspora apareceram como categorias fundamentais para observar as lógicas coloniais modernas... (Ballestrin, 2013, p. 94).

Na década de 1990, um grupo de intelectuais latino-americanos e americanistas que vivia nos Estados Unidos fundou o Grupo Latino-Americano de Estudos Subalternos, inspirado no Grupo Sul-Asiático dos Estudos Subalternos, inserindo, desta maneira, a América Latina no debate pós-colonial, com o objetivo de avançar para uma reconstrução da história latino-americana das últimas décadas, como alternativa ao projeto teórico feito pelos Estudos Culturais latino-americanos desde os finais dos anos oitenta, razão pela qual a ênfase em categorias de ordem política tais como "classe", "nação" e "gênero".

Estas e outras ideias e diretrizes publicadas na coletânea de artigos de 1998, sob a coordenação de Eduardo Mendieta e Santiago castro-Gómez, intitulada *Teorias sin disciplina: latinoamericanismo, poscolonialidad y globalización en debate*, e em especial a crítica mais radical de Walter Mignolo desde logo foi revelando o descontentamento com o Grupo formado, e tendo em conta as divergências teóricas, o grupo latino foi desfeito em 1998, e posteriormente se formou o Grupo Modernidade/Colonialidade, que se apresenta como referência mais adequada para a proposta perseguida por Guilherme Borges neste livro, sem desprezar as questões e contribuições das reflexões anteriores.

O pressuposto modernidade/colonialidade. A produção teórica do grupo neste curto período de tempo é bastante vasta. Como tenho por objetivo apenas sugerir o pressuposto da tese do livro de Guilherme Borges, indico o que considero tanto o ponto de partida como o ponto de chegada da compreensão dos resultados já obtidos nessas reflexões da modernidade/colonialidade e do giro descolonial. A chave de leitura mais adequada no momento é a que mostra que a colonialidade se produz na tripla dimensão do ser, do saber e do poder. E requer como necessidade e exigência a descolonialidade do ser, do saber e do poder. É evidente que cada uma dessas dimensões tem os seus desdobramentos e que na sua complexidade constituem estruturas de pressupostos para o ensejo de uma produção de teoria do direito descolonial. E já sabemos, porque a produção na perspectiva da modernidade/colonialidade/descolonialidade em cada um desses três eixos é bastante vasta e profunda, que são vários e diversos os aspectos como cada uma dessas três lógicas afeta a práxis jurídica hegemônica, e no caso especifico a juridicidade brasileira. Ainda assim, aponto sumariamente algumas das teses a dar corpo ao pensamento do Grupo modernidade/colonialidade, recaindo minha escolha a seguir, quase inteiramente, nas dez teses do porto-riquenho Nelson Maldonado-Torres (2019, p. 27-53), em resumida e livre interpretação, sempre no sentido de formatar conceitos e categorias como chaves de leitura do livro;

- (i) Colonialismo, descolonização e conceitos relacionados perturbam a tranquilidade e a segurança do sujeito-cidadão moderno e das instituições modernas, gerando desestabilidade e instabilidade; tal situação exige a criação das narrativas heroicas para justificar a necessidade e o protagonismo das instituições modernas, a exemplificar pelo direito; territórios são apresentados como "descobertas" e a escravização explicada como meio para ajudar o primitivo e sub-humano a ser disciplinado; refletir sobre o significado da colonização, entre outras questões, desafia a legitimidade de conceitos normativos e práticas da ordem moderno/colonial, especialmente, entre outros marcadores, o sentido normativo de raça, gênero, classe, e sexualidade, diferenças geradas sociogeneticamente; a colonização é apresentada como veículo de civilização, em síntese; além disso, é importante destacar que a ansiedade que resulta do colonialismo, da descolonização e dos conceitos relacionados, é a da existência do colonizado como alguém questionador e potencial agente crítico; em síntese, mostrar o significado e a importância do colonialismo, desde já, indica um giro descolonial na questão, e o início de uma atitude descolonial, ante à esperada atitude dócil e de gratidão do colonizado ou ex-colonizado; a possibilidade do giro descolonial é visto como uma ameaça, seja de vingança, seja de reivindicações; e nesse aspecto das possíveis reivindicações, além de outras dimensões, a dimensão jurídica se apresenta como um direito outro em contraste com o forma jurídica hegemônica; essa primeira tese representa um *a priori* performativo em relação às teses subsequentes, uma espécie de pressuposto para as demais, na medida em que é condição de possibilidade para a pronúncia de outras teses que levem em consideração a colonização e a descolonização; (Maldonado-Torres, 2019, p. 33-35).
- (ii) a elucidação dos conceitos envolvidos é de grande importância analítica para evitar simplificações excessivas; assim, colonialidade é diferente de colonialismo e descolonialidade é diferente de descolonização; além das diferenças é decisivo seu registro para evitar que o uso isolado de termos como colonialismo e descolonização seriam assuntos que se limitam ao passado, ou então, sua utilização é ou pode ser tão generalizante e abstrata ao ponto de servir

para caracterizar todas as formas de império e resistências, desde os primórdios da humanidade; tal aplicação trans-histórica leva à ambiguidade dos conceitos, retirando sua especificidade histórica marcada num determinado tempo e espaço; assim, o conceito se aplicaria ao Império Romano na antiguidade e também aos impérios não europeus anteriores à chamada "descoberta" do Novo Mundo, e com isso, se perde a relevância contemporânea do colonialismo e da descolonização, ou seja, se perde a referência às formas modernas de colonização; portanto, é prudente distinguir colonialismo, colonialismo moderno e colonialidade; o colonialismo é conceito que se refere à formação histórica dos territórios coloniais; o colonialismo moderno – e é o que aqui interessa – faz referência aos modos específicos pelos quais os impérios ocidentais colonizaram grande parte das terras "descobertas"; o conceito de colonialidade consiste na lógica global de desumanização produzida nessas sociedades colonizadas, tendo a capacidade de existir também na ausência de colônias formais; as formas de escravidão que de imediato resultaram dos acontecimentos da chamada "descoberta" é evento-chave fundante da colonialidade; a descolonialidade diz respeito à luta contra a lógica da colonialidade, e seus efeitos materiais, políticos, epistêmicos, ontológicos e simbólicos – jurídicos; um dos efeitos disso é que diferentemente do conceito histórico e meramente empírico do colonialismo, a colonialidade é uma lógica inserida na modernidade – daí modernidade/colonialidade –, porquanto decolonialidade se refere à práxis na busca de algo diverso da modernidade, nos passos da transmodernidade, cujo conceito será apresentado posteriormente, mas de antemão anuncia um mundo onde muitos mundos podem existir; (Maldonado-Torres, 2019, p. 35-36).

- (iii) a modernidade/colonialidade é uma forma de catástrofe metafísica que naturaliza a guerra; a "descoberta" e conquista das Américas, pela forma histórica, empírica, e pela lógica como foi efetivada, não representou uma catástrofe somente demográfica, mas também metafísica; isso significa que envolveu a destruição da existência de uma experiência e vivência de intersubjetividade e alteridade, que distorceu o significado da humanidade; (Maldonado-Torres,2019, p. 36-41).

- (iv) na modernidade/colonialidade, extermínio, expropriação, dominação, exploração, morte prematura, tortura e estupro, ocorrem permanentemente e são condições epistêmica e politicamente naturalizadas; da mesma maneira como o colonialismo, a colonialidade envolve expropriação de terras e recursos, por estrangeiros, mas também pelos mecanismos do mercado e dos Estados-nações modernos; assim, nas ex-colônias, terras, recursos, corpos, pensamentos, são tomados por ideologias que produzem a colonização e autocolonização; (Maldonado-Torres, 2019, p. 41).
- (v) cabe ainda ressaltar a ideia síntese da colonialidade, já referida, que envolve uma mudança radical do saber, do ser e do poder; é pela articulação dessas três formas que a modernidade/colonialidade pode sistematicamente produzir lógicas, práticas e subjetividades coloniais como se fossem parte legítima dos propósitos da civilização ocidental moderna; esses são, nesta ótica, três componentes fundamentais da modernidade/colonialidade; um dos modos de compreender essa questão é identificar o sujeito não apenas como elemento-chave na constituição do ser (tempo, espaço, subjetividade), poder (estrutura, cultura, sujeito), e saber (sujeito, objeto, método), mas também como elemento de conexão dessas dimensões; o sujeito é um campo e espaço onde se trava a luta para o controle e a dominação colonial e a colonialidade; a colonialidade do ser introduz a lógica colonial na subjetividade; na colonialidade do poder e do saber opera a mesma lógica em relação aos elementos que as constituem; o fio que conecta as três dimensões é o sujeito colonizado (o condenado da terra, de Frantz Fanon); (Maldonado-Torres, 2019, p. 42-44).
- (vi) a descolonialidade está enraizada no giro descolonial, que por sua vez significa a negação da modernidade/colonialidade, cujo cerne está na atitude descolonial; por exemplo, estudar as várias atitudes mentais que as pessoas negras adotam "em face da civilização branca", na observação de Fanon; assim, a atitude concebida como conceito-chave do conhecimento; a mudança de atitude é fundamental para o engajamento crítico contra a colonialidade das três esferas mencionadas, e também para afirmar a descolonialidade como um projeto: "a atitude descolonial é, então, crucial para o projeto descolonial e vice-versa"; um projeto inacabado; a

descolonialidade tem a ver com a emergência do colonizado (do condenado) como pensador, artista, ativista, e também da comunidade na luta do projeto inacabado; (Maldonado-Torres, 2019, p. 44-46).

- (vii) a descolonialidade envolve o giro epistêmico descolonial como instrumento de onde emerge o colonizado como questionador, pensador, teórico e escritor; é a descolonialidade epistêmica do sujeito dominado; é a descolonialidade do filósofo, do teórico, do sociólogo e tantos outros, enfim, do jurista; conceito-chave na e para a leitura do livro de Guilherme Borges; em suma, uma forma de teorizar a partir das fronteiras (como nas "insinuações brasileiras"); a ênfase recai na escrita para a emergência do discurso do colonizado, porque se caracteriza como outra forma de pensar, sentir e ser; a escrita como forma de vida (Anzaldúa); (Maldonado-Torres, 2019, p. 46-48).
- (viii) a descolonialidade envolve um giro descolonial estético para o surgimento e a insurgência do colonizado como criador; a descolonialidade não requer apenas a produção do pensamento crítico, da mente crítica, mas necessita de criações artísticas descoloniais, pelas quais a performance estética descolonial e de libertação, liberte os corpos e as mentes, e que abertos sejam fonte permanente e contínua de questões; pois, a estética colonial, em sua especificidade, ao ligar e interligar o artístico ao funcional, o sagrado ao secular, e os propósitos religiosos, sociais e estéticos, conecta e reconecta a subjetividade em suas diversas esferas; (Maldonado-Torres, 2019, p. 48).
- (ix) a descolonialidade envolve o giro descolonial de onde emerge o colonizado como sujeito de mudança social; na condição de agente de mudança social o colonizado precisa aproveitar a multiplicidade de atividades, pensamentos, criatividade e assim por diante, tornando-os parte de estratégias para efetivamente descolonizar o poder, o saber e o ser; o agente de mudança social precisa evitar zonas de refúgio da colonialidade, enclausurando-se, pois nelas pode facilmente ser cooptado ao buscar reconhecimento de áreas específicas isolados da totalidade; para que o giro descolonial se torne um projeto, o ativismo não pode consistir, portanto, de uma práxis isoladamente; (Maldonado-Torres, 2019, p. 49).

– (x) e nessas condições, a descolonialidade é um projeto coletivo; a emergência do colonizado como agente de mudança social é um evento impossível nos termos da lógica do mundo moderno/colonial; um colonizado sozinho não pode ir muito longe; a descolonialidade não é um projeto de salvação ou libertação individual; a descolonialidade não é um evento passado, mas um projeto presente e futuro; (Maldonado-Torres, 2019, p. 49-50).

Essas ideias e argumentos, em forma de extratos teóricos, podem servir de pressupostos-chaves para a leitura das inúmeras teses que o leitor encontrará aprofundadas e orientadas para o proposto de uma teoria descolonial do direito no livro de Guilherme Borges.

2. Uma esperança factível: a transmodernidade como projeto utópico descolonizador

A transmodernidade é um projeto utópico proposto pelo filósofo da libertação Enrique Dussel na perspectiva de transcender a versão eurocêntrica da modernidade; o que aqui pode ser escrito como transcendência da modernidade/colonialidade; tem o propósito de concretizar o inacabado e incompleto projeto de descolonização; o encontro do paradigma da libertação com o paradigma da descolonização/descolonialidade pode ser visto tendo como determinação central o conceito de transmodernidade; tanto é que na interpretação que Walter Mignolo faz de Enrique Dussel neste ponto, a transmodernidade equivale à "diversidade enquanto projeto universal", e que na esteira do pensamento descolonial seria o resultado do "pensamento crítico de fronteira" na condição de intervenção epistêmica dos diversos subalternos; as epistemologias subalternas seriam fonte da "diversidade" de respostas para os problemas da modernidade, conduzindo à "transmodernidade" (Grosfoguel, 2008, p. 139); a proposta da filosofia da libertação transmoderna só pode surgir no diálogo dos pensadores críticos entre as diferentes culturas; para exemplificar, "mulheres ocidentais não podem impor a sua noção de emancipação às mulheres islâmicas" e assim por diante, porém sem que isto configure opção por uma solução fundamentalista ou nacionalista, com manutenção da colonialidade, ou então, a indicação de solução a um particularismo local e isolado; será uma orientação ao pensamento crítico de fronteira, como projeto universal na linha de um "mundo transmoderno" descolonizado, para além do eurocentrismo e do fundamentalismo, e diverso da opção pela condição pós-moderna; um importante e decisivo acréscimo provém da categoria da exterioridade (uma categoria de categorias, metacategoria), que em síntese máxima, consiste numa potencialidade radical dos espaços e tempos exteriores, aqueles que não foram inteiramente colonizados pela modernidade europeia, ou modernidade/colonialidade; há aqui um ponto de contato entre a categoria da exterioridade e o pensamento crítico de fronteira, na medida em que este nasce do espaço/tempo daquela; nessa conexão se instaura uma crítica da modernidade com vistas a um mundo transmoderno pluriversal; para concretizar o projeto utópico transmoderno é fundamental transformar os sistemas de dominação, de exploração e de expropriação da ainda vigente "matriz de poder colonial do sistema-mundo patriarcal/capitalista colonial/moderno"; a proposta de Aníbal Quijano de uma "socialização do poder" (no lugar da oposição entre concepções "estatais socialistas" e "estatais capitalistas" para a "nacionalização estatista da produção", ambas centradas na administração do Estado), juntamente com a "transmodernidade" de Enrique Dussel e o "pensamento de fronteira" de Walter Mignolo, interligadas, mostram a necessidade crítica de descolonizar a modernidade eurocentrada; assim, há uma exigência de interligação e reconfiguração da "socialização do poder" de Quijano, do "pensamento de fronteira" de Mignolo na perspectiva da "transmodernidade", com o propósito de evitar mais um universal abstrato, em detrimento de um aceno a um universal que seja pluriversal, "um apelo a um universal concreto que há de incluir todas as particularidades epistêmicas rumo a uma 'socialização transmoderna e descolonial de poder'. Como dizem os zapatistas, 'lutar por um mundo no qual outros mundos sejam possíveis'". (Grosfoguel, 2008, p. 140-144; Dussel, 1993; Hinkelammert, 1986; 2003; Ludwig; 2006; 2014; 2015; 2021).

3. A exigência: uma teoria descolonial do direito

Giorgio Agamben (2022, p. 73-81) no texto *Sobre o conceito de exigência*, nos mostra, entre outros aspectos, que a exigência difere da necessidade, no rigor das definições da filosofia, e também da teoria, podemos acrescentar. Apresenta a exigência como elemento da filosofia. Não haveria filosofia em só havendo necessidade, argumenta. A filosofia é uma exigência. Na e pela redefinição das categorias da modalidade (possibilidade, contingência, necessidade), afirma que "a exigência é, como a justiça, uma categoria da ontologia e não da moral" e também não é uma categoria lógica (p. 76), e diz haver uma exigência que implica uma relação entre o passado, o presente e o futuro, entre o que foi, o que é, e suas possibilidades. Em nossa tarefa da crítica descolonial, é o ser a exigir sua própria possibilidade, porém não como mera atualização de sua potência, mas como materialização das possibilidades de ser, uma subjetividade colonizada que se descoloniza, agora, uma subjetividade jurídica colonizada que se descoloniza; um saber colonizado que se descoloniza, uma colonialidade do saber que se produz como descolonialidade epistêmica, agora como nova e outra epistemologia jurídica; um poder colonizado e que preserva a colonialidade, a ser transcendido para a descolonização e descolonialidade de sua lógica e transformação dos poderes e suas instituições dominantes, agora em especial as estruturas e aparelhos de poder político-jurídico e até judiciário. Nesse sentido, a despeito de ser uma exigência ética também (se pensarmos a ética como filosofia primeira, nos termos da proposta de Levinas e Dussel), é uma exigência que deriva de sua definição ontológica. Assim, a postulação por uma teoria descolonial do direito se torna uma exigência, materializada em uma de suas dimensões neste livro que o leitor tem em mãos, a dimensão da escrita, escrita como forma de vida, e a escrita jurídica como forma de vida jurídica.

O caminho percorrido pelo autor é o do título do livro: Revisitando a teoria do direito: desconstrução das bases colonizadas do discurso jurídico.

A exigência, para tornar factível a esperança da utopia transmoderna descolonial, cumprida na dimensão da escrita, percorreu longos caminhos, com encontros e desencontros nas lógicas diversas que a categoria da totalidade/modernidade (também uma categoria de categorias, metacategoria) engendra na condição de uma ontologia de dominação, e ao mesmo tempo nos encontros e desencontros nas lógicas que a categoria da exterioridade/transmodernidade possibilita e materializa, abstrata e concretamente na metafísica da libertação. Mas não só isso. Os trajetos percorridos na desconstrução do "posto" e na construção do "proposto" têm o campo jurídico por objeto e sujeito de sua reflexão, em grande medida. São caminhos árduos e muitas vezes obscuros e escorregadios, tendo em vista as tentativas das concepções sistemáticas e sistêmicas do direito, teórica e historicamente consideradas.

O caminho percorrido, construindo narrativas próprias, com as estações demarcadas com a astúcia da razão, e o fervor da paixão, pode ser observada na introdução e nos 9 capítulos da obra, e a sugestiva conclusão. Os títulos se expressam por si, na denúncia e no anúncio, exaltando o ato da escrita: Introdução: do "posto" ao "proposto" interpretativo; 1. O "etnojuricídio" das experiências jurídicas brasileiras; 2. A "enxertia jurídica estrangeira" em perspectiva comparativista; 3. Descolonial ou decolonial: a construção de uma crítica brasileira; 4. O "movimento DE": reflexões desconstrutivistas na teoria do direito; 5. O "filtro descolonial": da filtragem constitucional à filtragem descolonial; 6. A "escuta étnica", a "etnojusgrafia/logia" e o "descomparativismo jurídico doméstico"; 7. A superação jurídica eurocêntrica: a revisão das práticas legislativa, judicial e pedagógica; 8. Do sujeito do direito à alteridade descolonial: desmarginalizando subjetividades; 9. A descolonização como desdobramento na "teoria crítica do direito"; Insinuações "conclusivas" descoloniais.

O caminho indicado no sumário, como um mapa do vasto campo jurídico, com ênfase no registro da teoria do direito e da teoria descolonial do direito, tem entre tantos aspectos, a intuitiva expressão de insinuações brasileiras como determinação de uma marca original e genuína na forma e no conteúdo, na direção da futura consolidação de uma teoria brasileira descolonial crítica do direito.

Boa leitura!

Celso Luiz Ludwig
Professor Emérito de Filosofia do Direito da Universidade Federal do Paraná

Referências

Agamben, Giorgio. *O que é a filosofia?* São Paulo: Boitempo Editorial, (2016) 2022.

Ballestrin, Luciana. *América Latina e o giro decolonial.* Revista Brasileira de Ciência Política, n. 11. Brasília, maio-agosto de 2013, pp. 89-117.

Castro-Gómes, Santiago. *Ciências sociais, violência epistêmica e o problema da "invenção do outro".* In: Lander, Edgardo (com.). A colonialidade do saber: eurocentrismo e ciências sociais, perspectivas latino-americanas. Buenos Aires: Clacso, 2005.

DUSSEL, Enrique. *1492: o encobrimento do outro: a origem do mito da modernidade.* Petrópolis: Vozes, 1993.

–. *Europa, modernidade e eurocentrismo.* In: LANDER, Edgardo (com.). A colonialidade do saber: eurocentrismo e ciências sociais, perspectivas latino-americanas. Buenos Aires: Clacso, 2005.

GROSFOGUEL, Ramon. *Para descolonizar os estudos de economia política e os estudos pós-coloniais: transmodernidade, pensamento de fronteira e colonialidade global.* Revista Crítica de Ciências Sociais, 80, março 2008115-147.

HINKELAMMERT, Franz J. *Crítica à Razão Utópica.* São Paulo: Paulinas, 1986.

–. *Pensar alternativas: capitalismo, socialismo e a possibilidade de outro mundo.* In: PIXLEY, Jorge (Coord.). Por um mundo diferente: alternativas para o mercado global. Petrópolis: Vozes, 2003, p. 9-22.

LANDER, Edgardo (com.). *A colonialidade do saber: eurocentrismo e ciências sociais, perspectivas latino-americanas.* Buenos Aires: Clacso, 2005.

LUDWIG, Celso Luiz. *Para uma filosofia jurídica da libertação: paradigmas da filosofia, filosofia da libertação e direito alternativo.* Florianópolis: Conceito Editorial, 2006.

–. *Direitos humanos: fundamentação transmoderna* – In: Silva, Eduardo Faria; Gediel, José A. Peres; Trauczynski, Silvia Cristina(orgs.). Direitos Humanos e Políticas Públicas. Curitiba: Universidade Positivo, 2014, p. 13-36.

–. *Desonra – aspectos de uma inicial leitura descolonial.* In: COUTINHO, Jacinto Nelson de Miranda (org.). Direito e Psicanálise: Interseções e Interlocuções a partir de Desonra, de M. Coetzee. Rio de Janeiro: Lúmen Juris, 2015, p. 67-79.

–. *Elementos de filosofia geral e filosofia jurídica: uma introdução crítica.* Curitiba: InterSaberes, 2021.

MALDONADO-TORRES, Nelson. *Analítica da colonialidade e da decolonialidade: algumas dimensões básicas.* In: BERNARDINO-COSTA, Joaze; GROSFOGUEL, Ramon; MALDONADO-TORRES, Nelson (orgs.). Decolonialidade e pensamento afrodiaspórico. Belo Horizonte: Autêntica Editora, 2019, p. 27-53.

MIGNOLO, Walter D. *Colonialidade de cabo a rabo: o hemisfério ocidental no horizonte conceitual da modernidade.* In: LANDER, Edgardo (com.). A colonialidade do saber: eurocentrismo e ciências sociais, perspectivas latino-americanas. Buenos Aires: Clacso, 2005.

–. *El pensamiento decolonial, desprendimiento y apertura.* In: DUSSEL e outros (orgs.). El Pensamiento filosófico latinoamericano, del Caribe y "Latino"(1300-2000). México: Siglo xxi editores, 2009, p. 659-672.

QUIJANO, Aníbal. *Colonialidade do poder, eurocentrismo e América Latina.* In: LANDER, Edgardo (com.). A colonialidade do saber: eurocentrismo e ciências sociais, perspectivas latino-americanas. Buenos Aires: Clacso, 2005.

SUMÁRIO

CONSIDERAÇÕES INICIAIS

Estes escritos são resultado de uma reflexão breve, ao menos de modo mais dirigido, que compreende cerca sete anos. Até 2014, o que havia em minha formação eram leituras descoloniais apenas, com uma certa extensão na Filosofia da Libertação e em Enrique Dussel por força de pesquisas que já vinham desde 1998 no Grupo PET-Direito da UFPR, sob coordenação de Celso Ludwig, professor que estuda o pensamento transdisciplinar desde os anos 1980. De lá para 2014, pesquisas mais densas sobre a teoria do direito se concentraram ora na perspectiva da teoria crítica, ora mesmo nas origens da normatividade tradicional de matriz europeia, realizadas desde 2003 quando do ingresso na pós-graduação *stricto sensu* da USP até o derradeiro contato em 2015 com o término na instituição de pesquisas pós-doutorais.

Contudo, no ano de 2014 uma experiência profissional na magistratura me forçou a revisitar meu entendimento sobre o direito e a teoria do direito, e, naturalmente, sobre o papel do Poder Judiciário e do juiz propriamente dito no itinerário da normatividade e da relação com o sujeito de direito. O direito, tal como eu refletia e estudava passou a ser tencionado desde um outro lugar, apontando-me reflexões de outra ordem.

No anto de 2014, deparei-me com um conflito intercultural típico de países do Sul Global, mas para o qual o Poder Judiciário local não estava preparado para enfrentar como uma questão cultural, haja vista a ausência de precedentes naquele momento, e, talvez mesmo hoje.[1] Caso

[1] Esta dificuldade de lidar com conflitos multi ou interculturais, especialmente de *delitos culturalmente motivados* não é exclusividade de países como o Brasil ou mesmo latino-ame-

levado a conhecimento da Justiça Federal de Paranaguá em 2014 (hoje já transitado em julgado). Trata-se, de modo sucinto, de um caso jurisdicional criminal no qual um homem pertencente à comunidade étnica *Mbyá* do povo indígena Guarani, então cacique da coletividade *Kuaray Oguatá Porã*, localizada na terra indígena Cerco Grande, município de Guaraqueçaba, região litoral do estado do Paraná (município com áreas protegidas legal, ambiental e culturalmente), foi investigado e posteriormente denunciado pelo suposto delito de estupro de vulnerável.

Narra-se no processo[2] que uma jovem indígena, na época com 13 (treze) anos de idade, teria contado o fato à mãe e explicado que não queria ir à escola nos próximos dias. A mãe, para justificar a ausência da filha na escola indígena, dirigiu-se à professora (pessoa não indígena) relatando que seu marido, padrasto e irmão do pai de sua filha, teria mantido relações sexuais com ela, sem o seu consentimento. A professora, então, assustada, teria informado o ocorrido ao Conselho Tutelar, que, por sua vez, decidira levá-lo ao Ministério Público e, enfim, ao Judiciário. A questão passava a ser: tratava-se de um simples e evidente delito de vulnerável perante o direito oficial brasileiro, ou uma *quebra de protocolo* conforme a "experiência jurídica guarani"? No curso do processo, sentiu-se a necessidade de um exercício de pluralismo jurídico, retirando o indígena acusado do sistema penitenciário e o colocando numa aldeia do interior como uma espécie de "medida cautelar diversa", mas sob a autoridade do Cacique, responsável então por controlar o ir e vir, bem como comunicar o juízo delegado mais próximo sobre o cum-

ricanos. Pesquisadores sobre o tema, talvez Ilenia Ruggiu (adiante referenciada) com uma das principais referências no Ocidente sobre o tema, que, inclusive, naquele momento por seus textos, auxiliou-me silenciosamente a encontrar uma reflexão para o caso de maneira mais adequada, bem demonstra o quanto ainda a reflexão está longe de uma sistematização. Os diversos casos destes conflitos na Europa e na América do Norte: *Kimura case* (1985, EUA), *Saleem case* (2006, Itália), *Kassam case* (2008, Itália), *Pusceddu case* (2006, Alemanha), *Kargar case* (1993, EUA), *Thomas case* (1992, EUA) ainda são tratados na lógica do *case by case* e o substrato cultural muitas vezes ignorado em detrimento do direito positivo e soberano.

[2] O caso é de número 5002882-22.2015.404.7000 (https://www.jfpr.jus.br/). A compreender o tema e sua complexidade, tive o privilégio de poder contar com as reflexões da Juíza Federal Stephanie Uille Gomes de Godoy, com sua perspicácia, sensibilidade e domínio técnico, e a perita e antropóloga Prof. Ana Elisa de Castro Freitas, estudiosa dos indígenas Guaranis do Litoral do Paraná.

primento da medida.[3] Ainda, a necessidade de se realizar uma invenção processual denominada de "*Escuta Étnica*", espécie de "inspeção judicial", cujo fim não seria propriamente inspecionar pessoas e coisas com fins probatórios, mas sim, um expediente cognitivo para conhecimento a partir do olhar indígena sobre a eventual existência de uma "experiência jurídica guarani". Ao final, da sentença, em juízo de comparação entre o direito oficial e a experiência jurídica guarani, houve a absolvição do acusado, por se tratar de uma espécie de "atipicidade cruzada", já que o fato ocorrido no contexto guarani seria uma "quebra de protocolo" comunitário, mas não um "delito" de estupro de vulnerável nos termos da legislação penal oficial.[4]

O impacto que o caso teve foi fundamental, não apenas na atividade profissional, mas no curso das pesquisas acadêmicas.[5] A questão posta, tipicamente produto do amálgama cultural que o Brasil expressa, e sua impossibilidade de ser pensada pela teoria tradicional do direito e mesmo pelo direito penal e processual penal brasileiros desnudou inúmeros problemas de ordem prática, mas também, fraturou o modo como, enquanto pesquisador, haveria de refletir sobre a normatividade num país ex-colonial. Os institutos, as categoriais, as classificações teóricas, as definições e conceituações, as estruturas de poder e de direito, os sujeitos legalmente protegidos, as variáveis ignoradas (gênero, raça,

[3] Este momento processual já foi bastante inusitado, especialmente por se tratar, ao que se tem notícia, da primeira experiência de cautelar diversa desta natureza no Poder Judiciário Brasileiro.

[4] Estas considerações da sentença foram recentemente analisadas por Ilenia Ruggiu em seu artigo *Reati culturalmente motivati in Brasile: il caso di stupro-non stupro presso gli índios Guaranì (con riflessioni sui matrimoni precoce Rom)*. In Stato, Chiese e Pluralismo Confessionale, n. 3, p. 62-86, 2022.; Igualmente o Dr. Sandew Hira, secretário geral da DIN – *Decolonial International Network*, em recente livro lançado no início de 2023 analisou a decisão. Hira, Sandew. *Decolonizing the mind: a guide to decolonial theory and practice*. Haia: Amrit, 2023, p. 441-443.

[5] Hoje desenvolvidas as pesquisas no âmbito da DECLEN – Decolonizing and Comparing Legal Experiences Network, rede de estudos formalmente sediada na UCB, mas que envolve outras instituições nacionais, como UFPR, Unisinos, Prolam/USP e UERJ, além de pesquisadores estrangeiros, profissionais descoloniais de carreiras, estudantes, assim como conta com o apoio da ENADPU – Escola Nacional da Defensoria Pública da União e da DIN – Decolonial International Network. (https://ucb.catolica.edu.br/portal/declen-decolonizing-and-comparing-legal-experiences-network/).

etnia, orientação sexual etc.), o olhar e a episteme, do modo como se me apresentavam tradicionalmente foram chacoalhados, e, naturalmente, como todo lugar uma vez desorganizado, dificilmente volta a ser como era. O desconforto foi grande, mas a vontade de se compreender diante desta instabilidade também.

A esterilidade, a assepsia, a neutralidade da reflexão, a exterioridade do olhar, precisavam ser revistas desde este caso. Então, a partir de 2014 e o progresso das leituras sobre o tema para compreender os indígenas diante do *direito oficial,* mas também as subjetividades marginalizadas que nos são próprias, como os povos autóctones, as minorias étnicas e sociais, as populações tradicionais, historicamente subalternizadas, avolumaram-se, formando o caldo necessário para iniciar formalmente os estudos descoloniais, seja em Paris, nas pesquisas pós-doutorais focadas na compreensão do direito comparado nada ortodoxo, na linhagem crítica de Pierre Legrand e seu desconstrutivismo comparativista derradiano, (já que se tinha em mente fazer um "descomparativismo jurídico" interno, procurando evidenciar as diversas ordens jurídicas silenciadas no direito oficial, como a experiência jurídica guarani, quilombola, caiçara, faxinalense, cigana, imigrante etc.), passando pelas reflexões em conjunto com meu ex-orientador Tercio Sampaio Ferraz Júnior no livro *A superação do direito como norma: uma revisão descolonial da teoria do direito brasileiro,* e tentar aqui expressar de modo mais claro neste livro, produto de tese apresentada à "livre docência" da Universidade de São Paulo.[6]

[6] O texto ora publicado representa apenas o capítulo 6 da tese, intitulado *Hermenêutica Jurídica Descolonial,* revisto e reescrito em parte após as críticas da respeitada banca. Os demais capítulos iniciais, que trabalhavam as transições doutros paradigmas interpretativos: greco-romano, medieval, moderno e constitucional foram aqui suprimidos, inclusive por sugestão unânime da banca e por economia editorial. O original defendido encontra-se devidamente depositado na Biblioteca Central da Universidade de São Paulo. Trata-se de Tese de Livre-Docência apresentada ao Departamento de Filosofia e Teoria Geral do Direito da Faculdade de Direito da Universidade de São Paulo, subárea Filosofia Especial, nos termos do Edital FD LD 04/2021, publicado em 27 de maio de 2021, com base nos arts. 2º e 3º da Resolução nº 7955/2020. Concurso realizado entre os dias 07 e 11 de março de 2022. Tese aprovada perante a banca composta pelas ilustres Professoras Titulares Katya Kozicki (UFPR) e Vera Karam Chueiri (UFPR), bem como pelos ilustres Professores Titulares José Reinaldo de Lima Lopes (USP, Presidente da Banca), Ronaldo Porto de Macedo Júnior (USP) e Luis Fernando Barzotto (UFRGS). Aproveito aqui para agradecer imensamente as considerações da banca examinadora.

Então, a partir do caso e como expressa Rita Segato,[7] houve para mim um deslocamento da teoria do direito e seu substrato histórico para a *antropologia do direito* numa espécie de *antropologia por demanda*.[8] Esta é a expressão pensada por ela, que opera um giro no campo antropológico, colocando o seu saber e ofício a serviço das comunidades e populações que por tanto tempo foram usadas para construção do campo científico. Ou seja, em vez de voltar-se para as comunidades e povos com um olhar que as instrumentaliza, essa volta é feita de maneira engajada, colocando-nos a serviço delas e de seus problemas, para que possam acessar maior bem-estar e garantia de direitos. No campo do Direito e suas conexões com a antropologia, trata-se de uma forma de fazer ciência engajada, comprometida com as interpelações do mundo concreto, mas nem por isso menos compromissada com a objetividade e a transparência nas escolhas teóricas e metodológicas. Por isso, interpelado pelas demandas originadas em um caso de minha atuação jurisdicional, operei um giro em minhas análises para instrumentalizá-las a serviço de povos e comunidades que me provocaram, na posição de magistrado e pesquisador.

Ao realizar a mencionada *Escuta Étnica* indo às tribos guaranis do Litoral do Paraná para tentar compreender uma possível e peculiar *experiência jurídica guarani*, deparei-me com um universo absolutamente novo (embora não o deveria ser, seja para um magistrado, seja mesmo para

[7] SEGATO, Rita. *Crítica da colonialidade em oito ensaios*. (trad. Danú Gontijo e Danielli Jatobá). Rio de Janeiro: Bazar do Tempo, 2021, p. 15. (*Colonialidade do poder e a antropologia por demanda*.)

[8] Para além deste caso judicial, que foi decisivo nesta mudança de rumos, tive oportunidades de vivenciar outras experiências antropológicas no exercício da magistratura (inclusive indo a campo em quase todas via "inspeção judicial" ou "escuta étnica") e que, de modos diversos, angustiaram-me teoricamente sobre a *oficialidade* e *inoficialidade* do direito, e, sobretudo, a respeito das subjetividades marginalizadas, como nas questões envolvendo "populações em ocupações urbanas" (Autos n. 0009631-36.2011.403.6119, 5ª Vara Federal de Guarulhos/SP); "estrangeiros" fugindo de guerras civis, tribais e prostituição forçadas na origem e aliciados por organizações criminosas" (Autos n. 0003326-36.2011.403.6119, 5ª Vara Federal de Guarulhos/SP); "populações ribeirinhas" (Autos n. 2008.70.08.001643-2, 1ª Vara Federal de Paranaguá/PR); "populações caiçaras" (Autos n. 50007428820154047008, 1ª Vara Federal de Paranaguá/PR); "populações quilombolas" (Autos n. 5003068-11.2021.4.04.7008, 1ª Vara Federal de Paranaguá/PR); "transgêneros" (Autos n. 5002541-69.2015.4.04.7008, 1ª Vara Federal de Paranaguá/PR), e "populações indígenas" (Autos n. 5000191-11.2015.4.04.7008, 1ª Vara Federal de Paranaguá/PR).

um pesquisador brasileiro). Mas o fato estava posto. Este contato com os indígenas do litoral me despertou um verdadeiro e desconcertante olhar de "alteridade", que me fizeram chocar desde questões mais simples sobre meu olhar para o mundo, seja mesmo dos temas jurídicos, e, por natureza, mais complexos.

Ao chegar na aldeia para conversar, em data e hora marcados, encontrei os indígenas conversando sentados à mesa e fumando o petyguá. Por mais de duas horas ficamos, eu e a antropóloga Prof. Ana Freitas sob o sol, à espera de poderem conversar conosco. Obviamente naquele instante, não pela função que exercia, mas como mais um ocidental que "visita" uma aldeia, indignei-me sozinho por me fazerem esperar ao sol, quando em princípio, pareciam não fazer nada. Depois de certo tempo, já bastante incomodado, mas sem ter me manifestado, perguntei à Prof. Ana Freitas o porquê da demora. Eis que ela me disse: Guilherme, o *tempo indígena* é diverso do nosso. Eles estão justamente valorizando o momento, discutindo entre si como interagir conosco, evocando pelo trago os deuses que lhe serviriam a dar as respostas adequadas. O tempo era então uma nova variável para mim, e sobre a qual nunca havia me dado conta do quão "colonizado" e o quão "europeu" era o meu olhar sobre ele. A temporalidade e a minha maneira de apreendê-la estava sim desde sempre contaminada.

Noutro momento, deparei-me na reunião com a postura dos corpos enquanto a reunião prosseguia. Ninguém estava em círculo, todos dispersos próximos, sem necessariamente olhar para nós. Uns olhando o horizonte, outros com as mãos no queixo apoiadas sobre o joelho, outra distante. Tinha a nítida impressão de que o descaso estava presente, ou o deboche, ou desrespeito, ou o desconforto. E novamente, em conversas posteriores com a Prof. Ana Freitas, ao olharmos as fotos da *Escuta Étnica*, refletimos sobre como a *corporalidade indígena* é diversa da nossa. Não eram sinais disto como eu imaginava. A postura do corpo tem outra leitura, e jamais o olhar que tive, novamente ocidentalizado e mais, etnocêntrico. Não era descaso nem desconforto, era a forma como o corpo indígena cansado ainda se mantinha atento. Não havia conversas paralelas, ninguém atendia telefone, era apenas uma nova forma que o corpo poderia se me apresentar.

Por fim, a própria forma de se manifestar por vezes me incomodou. Ao realizar com o cuidado antropológico possível uma pergunta ao cacique sobre como eles eram educados sobre os valores e se haveria algum valor mais importante que o outro (pensando numa possível hierarquia de valores, como nós o fazemos em sociedade), eis que de súbito uma criança com cerca de 11 anos passava, e ele a interpelou e perguntou a mesma questão para ela. Ela então me respondeu e todos silenciaram. Naquele instante, novamente me fiz internamente uma questão: quando numa sociedade ocidental uma criança teria a sua resposta balizada nestes termos sobre um tema complexo? Novamente a Prof. Ana Freitas me alertou sobre o sujeito indígena ser coletivo e não individual, e, portanto, todos sempre discutirem, inclusive com crianças juntos, na casa de reza à noite, sobre os problemas da comunidade. Portanto, todos expressam não por si, mas em nome da coletividade, uma resposta. Foi então que percebi que a ideia de *subjetividade indígena* e mesmo dos contornos da *infância indígena* tinham outra perspectiva, que meu olhar ocidentalizado e eurocentrado eram incapazes de perceber.

Estes, entre outros "espantos" na velha expressão socrática da filosofia, nada mais foram do que os incômodos de um olhar etnocêntrico e eurocêntrico formatado por preconceitos de diversas ordens, inclusive jurídicos. E a aí a crítica à teoria tradicional ao direito e seu estrangeirismo se tornou necessária. Em suma, um verdadeiro exercício de *alteridade* foi preciso naquele instante, e se tornou também o pressuposto primeiro para questionar-me sobre o objeto deste ensaio: a *descolonização da teoria do direito e do direito brasileiro*, e, por conseguinte, a realização de uma nova transição jurídica da interpretação jurídica, qual seja, a assunção de uma *interpretação jurídica descolonial*.

INTRODUÇÃO:
DO "POSTO" AO "PROPOSTO" JUSHERMENÊUTICO

Os rumos das reflexões. O texto que se abre com estas linhas é produto de uma viragem, ou melhor, uma desdobradura das questões que vêm intrigando o autor no âmbito da teoria do direito há um certo tempo. É um texto de metamorfose das reflexões. Não propriamente uma mudança de rumo, de objeto ou de essência, mas uma extensão de olhares, uma refração interna. No destino, esteve e está a discussão da juridicidade, de suas peculiaridades, de sua forma de raciocinar e ver o modo como o Direito se comporta enquanto "teoria" diante dos problemas cotidianos, em suma, da tensão entre o "mundo do direito" e o "mundo da vida".

Num dado momento as pesquisas seguiram dois cursos paralelos, quais sejam, (i) em termos histórico-epistêmicos, uma investigação sobre as origens das estruturas, da racionalidade e dos modelos de compreensão do "jurídico" no plano ocidental, avançando para os primeiros momentos da expressão deste *campus*, especialmente a origem da formação do pensamento europeu nos autores grecistas e romano-latinos; e (ii) em termos cognitivos, uma reflexão sobre as impossibilidades metódicas do saber jurídico-científico e a necessidade de erotizá-lo, pensá-lo do fora e do além-margem. Em suma, o propósito esteve em pesquisar o momento em que o direito se colocou enquanto origem de toda uma narrativa que viria a ser desenvolvida ao longo dos séculos, não propriamente como um objeto histórico, mas como um lugar diverso, em que o primeiro contato da facticidade e da juridicidade foi conscientemente vivenciado e refletido. Mas ao mesmo tempo, uma inquietação com o seu lugar final enquanto teoria, enquanto ciência, enquanto método e sistema de conservação fática e epistêmica.

Contudo, a insatisfação das respostas já existentes para a contingência e a complexidade da vida do modelo de feições greco-romanas e matriz do pensamento europeu, e a percepção de que grande parte desta insuficiência argumentativa estava não apenas na esgotadura de um modelo, mas especialmente na sua inconsistência, equivocidade e no seu distanciamento da realidade sociocultural brasileira, impuseram esta metamorfose de reflexões que aqui se pretende resumir. É chegado o momento do confronto com uma herança cultural jurídica de matriz europeia (o "posto"), nitidamente insuficiente em suas respostas aos problemas cotidianos da vida brasileira, bem como com uma subordinação que se renova com as importações desastrosas de racionalidades e institutos estrangeiros, hoje não mais apenas europeus.

Deste confronto, deste "dar-se conta" do eurocentrismo e da submissão nacional a matrizes exógenas, desta influência em descompasso das matrizes greco-romanas, é que nascem as ideias que aqui se pretendem resumir, não para concluir, muito pelo contrário, para iniciar um debate, ou apresentar um debate "descolonial"[9] (o "proposto")[10] que já se iniciou, porém tentando o conduzir à teoria do direito brasileira.

Considerações gerais. Dentre os paradigmas apresentados, o último e atual ao qual ainda estamos bastante vinculados, de uma interpretação constitucional, certamente tem muito por ser construído e está longe de se esgotar. Vivemos num país em que a normatividade da Constituição é por vezes ignorada, subalternizada ou mesmo driblada por anseios diversos. Não restam dúvidas de que a interpretação constitucional não apenas se tornou um dever político, mas sem dúvida uma técnica dog-

[9] Quanto ao uso da expressão "*descolonial*" e não "*decolonial*", remete-se à leitura do item 4, em que razões são dadas no momento adequado para tentar mostrar o porquê não se convém na opinião do autor (embora seja talvez uma questão menor) usar "*decolonial*", seja por um confronto direto do uso do estrangeirismo com a Língua Portuguesa, seja pela necessidade de se marcar um movimento descolonial tipicamente brasileiro e não apenas latino-americano (ainda que similitudes haja), inobstante a consciência da homologia léxica com o movimento "descolonial" de matriz geopolítica iniciado nos anos 40, 50 na Indochina e que naturalmente dele se diferencia, assim como a manutenção da correlação com o binômio colonialidade-modernidade.

[10] A ideia aqui, obviamente, não é de alguns significados possíveis do prefixo *pro* em latim, como "superioridade" ou "progresso", mas sim de "em favor de algo", em favor de algo diverso do que já se está acostumado, do que já está "posto" (*positum*). Cunha, Antonio Geraldo. *Dicionário etimológico da língua portuguesa*. 4ed. Rio de Janeiro: Lexikon, 2017.

mático-jurídica, um modelo teórico aceito e consagrado, uma exigência de formalidade sistêmica, bem assim um lugar de legitimação, aceitação e afirmação do ordenamento jurídico "oficial". Quaisquer esforços de interpretação de fatos/atos/acontecimentos no mundo da vida não apenas precisam se dirigir à ossatura normativa do direito brasileiro para ter sua existência, pertinência e validade jurídica, quanto à sua filtragem constitucional, para verificar se, como, em que termos, até quanto, e desde/até quando encontram consonância com os valores, os princípios e as normas constitucionais.

Certamente o fim deste modelo está bastante distante, se é que haverá necessidade de se extinguir. Não parece no mundo contemporâneo, não apenas em países do Sul-Global, que passar o ordenamento jurídico pela peneira constitucional esteja fadado a um termo, ainda que problemas haja, como os que se estão vivendo atualmente por diversas frentes, talvez de modo mais evidente, pelo ativismo judicial. Contudo, se esta estabilidade teórica se manteve firme, de certo modo uníssona, e cada vez mais enraizada nos "sistemas jurídicos contemporâneos", aos menos neste percurso que beira setenta anos na Europa, e talvez trinta no Brasil, hoje se mostra extenuada, congestionada, incapaz de seguir em frente por si só.

Ao lado desta distrofia teórica e desta insuficiência pragmática em dar respostas aos intrincados e complexos problemas que a realidade brasileira expõe hoje, denotando certa exaustão e estagnação paradigmática, viu-se crescer nesta última década (ao menos de modo mais concentrado, claro e evidente) no país uma desdobradura das ciências humanas para o processo descolonial.

Atualmente, grande parte dos teóricos da literatura, da sociologia, da história, especialmente, da antropologia têm voltado suas reflexões em tentar explicar, por um lado, já que o papel destas disciplinas é mais cognitivo que normativo[11], os porquês de nossa sociedade vivenciar problemas sociais e institucionais que nos são, não com exclusividade, mas com peculiaridades, próprios de sermos brasileiros (mais ainda do que

[11] Na velha herança deixada por Hans Kelsen na sua distinção entre nexo causal e nexo imputativo entre os elementos e seus objetos: KELSEN, Hans. *What is justice? Justice, law, and politics in the mirror of science.* Collected essays. New Jersey, The Lawbook Exchange, 2013, p. 324 e segs.

latino-americanos). E aqui o lugar da colonialidade do poder, do ser e do saber tem encontrado terreno fértil para pesquisas e reflexões. Por outro lado, para além de identificar e procurar respostas para estes problemas, talvez melhor seria dizer que estas disciplinas têm tentado "problematizar" a realidade e suas insuficiências, instigando as mais diversas instituições (família, igreja, estado, escolas etc.) e os demais campos dos saberes, como a biologia, a psiquiatria, a ecologia, a geografia (às vezes distantes das ciências humanas) a investigarem, em seus campos próprios, o quanto somos formatados, costurados, "originados" e "desprovidos" de nossa própria autocompreensão e autodesignação em razão da planificação do modelo hegemônico eurocêntrico. Em suma, nesta última década, estas disciplinas têm exposto esta herança majoritariamente europeia, ao mesmo tempo que têm apontado caminhos necessários para os quais não podemos deixar de olhar e pensar em segui-los. Caminhos estes que passam, todos, sem dúvida, pelo "processo descolonial".

Estas insinuações e estes estímulos das ciências humanas brasileiras como um todo, têm servido para provocar e desencadear de modo bastante recente no país um movimento no âmbito do Direito para repensar o seu lugar institucional ao passo que sua estrutura teórica e prática em termos descoloniais. Certamente um movimento, como não poderia ser diferente, que se iniciou nesta última década pelas disciplinas vizinhas às ciências humanas, portanto, a história do direito, a sociologia do direito, a antropologia do direito, por excelência. Isto implica afirmar que os juristas especialistas nestas áreas, em grande medida, têm gasto seu tempo em entender como o "o direito brasileiro e a ciência do direito brasileiro" guardam traços coloniais ainda muito fortes, seja em termos de construção histórica, social e institucional.

Estas reflexões começam a provocar a "teoria do direito", disciplina que está no meio do caminho entre as formações propedêuticas do raciocínio jurídico e a construção das teorias das dogmáticas jurídicas. O desafio chega agora à "teoria do direito", exigindo desta que reflita uma séria de questões que lhe são naturais, talvez até há pouco dormentes, ou "forçadamente silentes": hoje ainda, (i) faz sentido em se falar em direito como norma? (ii) há espaço para a defesa da teoria do ordenamento jurídico? (iii) direito oficial estatal é uma categoria defensável? (iv) convém pensar o direito como uma ciência dentro nos cânones racionalistas, metódicos erigidos na modernidade? (v) sustentar o direito de modo dedutivo, sistemático, lógico a partir de subsunção, pensar hipotético, coercitividade é necessário? (vi) estruturar o direito a partir da teoria das fontes e da cadeia de validação resolve as inseguranças, incertezas, e imprevisibilidades da vida cotidiana?

Estas reflexões não são novas, aliás, sempre foram feitas no âmbito das correntes jusnaturalistas e juspositivistas ao menos nos últimos dois séculos. O que se apresenta como vanguarda é tencioná-las ao máximo a partir de uma variável comum: "o processo descolonial". Evidentemente que discutir se o direito deve ser racional e seguir um modelo metódico não é exclusividade do que hoje se vive. Os teóricos realistas norte-americanos e escandinavos já mostram ser isso um problema na virada do séc. XIX para o séc. XX, e primeiras décadas. Fracionar a unicidade do ordenamento jurídico já é algo que os teóricos do pluralismo jurídico brasileiro fizeram muito bem nos anos oitenta e noventa do século passado[12]. Criticar a ineficácia do modelo teórico burguês frente às desigualdades sociais, de acesso à justiça, de recepção e construção de novos direitos também não é nada novo, tendo já sido motivo de preocupação e contundentes críticas pelos movimentos críticos brasileiros dos anos noventa e dois mil (direito alternativo, direito achado na rua, teoria crítica do direito etc.). O que as reflexões descoloniais das ciências humanas podem ocasionar na "teoria do direito"? O que elas mudam ou parecem mudar? Como as discussões descoloniais podem fazer com que os olhos dos "teóricos do direito" olhem para outros lugares e façam outras novas perguntas ao direito a partir de um novo ponto de partida?

Em suma, estas perguntas da "teoria do direito" de um modo geral parecem se desdobrar na "teoria do direito descolonial" de maneira diversa em relação à "teoria crítica do direito" que a antecedeu.[13] Se o movimento crítico, de que supra se mencionou, acabou por fraturar o modelo tradicional e formalista de se pensar o direito no Brasil, a par-

[12] Aqui seguramente é possível citar, dentre outros, o protagonismo de Antonio Carlos Wolkmer.

[13] Celso Ludwig inclusive lançou recentemente a ideia, que haveria de "ser investigada e aprofundada", da discussão descolonial ser possivelmente uma quarta fase da Filosofia da Libertação nascida na América Latina nos idos de 1960. (Palestra proferida no dia 20.03.23 via zoom para a DECLEN às 17h30 com o tema: "Filosofia da Libertação e Descolonialidade").

tir da luta de classes, da população marginalizada, do "encastelamento das instituições", e portanto, aproximar o direito da sociedade e seus anseios, ao mesmo tempo que impôs a "filtragem constitucional"[14], construiu um novo paradigma interpretativo: "a constitucionalização dos direitos". No entanto, o projeto descolonial parece apontar para um novo lugar, "o proposto", ou, e aqui se arrisca dizer enquanto tese, um novo paradigma: "a descolonização da teoria do direito" a ser efetivada pelo "filtro descolonial". É uma mudança antes de tudo "epistêmica", porque sustenta que a própria racionalidade do direito oficial e da teoria do direito produzida seja revista, desconstruída em seus fundamentos modernos e eurocêntricos para, uma vez mais livre, possa se reconstruir não genuinamente, mas atenta às idiossincrasias que nos são próprias.

A descolonização da teoria do direito brasileira. Para compreender como este "filtro descolonial" pode se apresentar com uma robusta e fecunda ferramenta intelectual, operando esta "redesdobradura" (e não substituição ou supressão) do "paradigma constitucional" em direção à "desconstrução descolonial", é necessário entender o que seria propriamente este "projeto descolonial" recepcionado pelas disciplinas jurídicas vizinhas das ciências humanas, mas que se choca e irrita (na esteira luhmaniana) a "teoria do direito" para passar por uma "descolonização" teórica e pragmática.

No âmbito das ciências humanas as discussões já bastante avançadas se pautam, por um lado, em identificar o colonialismo e a colonialidade, seu alcance e seus efeitos, por outro, refletir enquanto movimento a possibilidade, os mecanismos, as ferramentas e os modos de se promover um "giro descolonial". Por isso, o texto a seguir, gastará certo tempo em refletir a colonialidade e a descolonização, constatando, em princípio, que estas discussões foram originalmente recepcionadas pelas disciplinas jurídicas afins (antropologia do direito, sociologia do direito, história do direito) há cerca de uma década claramente. Desde então não são poucas as dissertações, teses e livros que engrossam suas linhas em compreender a colonialidade do direito brasileiro e insinuar traços

[14] No Brasil, a primeira vez se que usou esta expressão, na linha do que já vinha sendo abordado por Clémerson Merlin Clève, foi na autoria de Paulo Ricardo Schier, em 1999 – embora ideia gestada já desde 1994 – (dissertação apresentada à UFPR sob o título: "Filtragem constitucional: contributo para uma dogmática constitucional emancipatória").

propedêuticos para um projeto descolonial. Contudo, como dito, estas provocações começam a chegar à teoria do direito, primeiro passo, sem dúvida, para alcançar a dogmática jurídica, que já vem ensaiando algumas incursões, especialmente ao abordar no âmbito do direito constitucional, as variáveis de raça e gênero. Falar em "descolonizar" a teoria do direito abre margem para um campo imenso, mas cuja síntese talvez seja enunciada pelo que aqui denominamos de "movimento DE" (adiante mais bem refletido): desvendar tradições, descontruir institutos, desmistificar naturalizações epistêmicas, descobrir formas e pensamentos ignorados, destravar maneiras criativas de lidar com a moralidade, desmarginalizar subjetividades etc. Ao contrário do que se poderia intuir, não se trata obviamente de um "simples panfleto político", mas uma mudança estrutural da racionalidade jurídica.[15]

Vivemos em nossa construção sócio-cultural e institucional um verdadeiro etnojuricídio[16], em que identidades nacionais foram ofuscadas, aniquiladas e forçadamente modificadas em razão do colonialismo. As heranças da sociedade, da população, da cultura, dos modos de organização e produção, as formas de manifestação familiar, as estruturas ins-

[15] Poderia ser questionado o fato de que a descolonização não propõe uma teoria propriamente nova para o direito e por isso sua natureza panfletária estaria nos horizontes. Claro que uma argumentação neste nível é fraca e pouco compreensível dos seus propósitos. O fato de não propor um conjunto de variáveis, procedimentos, sistemas, metódica de análise etc. não implica dizer que seu potencial teórico, essencialmente, desconstrutivista não está presente, impedindo-a de alcançar um lugar inusitado de questionamentos. Tem ela um cunho político-teórico, certamente, e qual construção teórica no direito não teve? A questão é: o que se entende por "teoria" a ponto da desqualificação da *descolonização do direito* operar na mentalidade teórica comum de alguns juristas? Talvez aqui resida a incompreensão por parte de alguns autores sobre as potencialidades teóricas da *descolonização da teoria do direito*. Se "teoria" for estabelecer classificações, modelos, métodos na velha linha cartesiana, talvez estejam estes autores certos: a *descolonização teórica do direito* não é uma teoria. Estamos, portanto, falando de coisas diversas e o convencimento/persuasão intangíveis. No entanto, se compreendido o próprio programa do que seria a *descolonização da teoria do direito*, como adiante se argumentará, ver-se-á que pensar "teoria" nestes termos é exatamente um dos pilares da descolonização a ser superado da matriz epistêmica eurocêntrica.

[16] Ver adiante item 1., expressão aqui criada por empréstimo de termo parecido com Clastres, o *etnocídio*. CLASTRES, Pierre. *De l'Ethnocide*. In. *Encyclopaedia Universalis*, Paris, Éd. Universalis, 1974. (que republicado em *Recherches d'anthropologie politique*, Paris, Seuil, 1980.)

titucionais de manifestação do poder e a própria conformação da subjetividade foram suprimidas e desorganizadas pelo modelo hegemônico europeu, promovendo, portanto, uma marginalização e subalternização destes traços originários. Não por outra razão, também aqui sofremos então este "etnojuricídio", à medida que manifestações jurídicas originárias também sofreram o mesmo processo de encobertamento e violência institucional. Naturalmente este processo se mantém, e hoje, de modo diverso, pela importação desastrosa de institutos e jurisprudências estrangeiras, reformula-se em outros termos igualmente coloniais este "etnojuricídio". Por isso, parece oportuno compreender uma teoria do direito brasileira descolonial, que obviamente não represente uma negação pueril de tudo o que já foi construído como se a tradição existente de nada lhe fosse útil ou bem construída, mas que repasse institutos, racionalidades, argumentações pelo que se poderia denominar aqui de "filtro descolonial", e, consequentemente, erigir uma "desconstrução descolonial", como um mecanismo para a superação epistêmica eurocêntrica, como a "construção de novos institutos jurídicos", e, especialmente, por uma nova "interpretação jurídica".[17]

[17] Quem sabe um dia possamos buscar uma escrita já descolonizada do direito, com novas formas de manifestação teórica, narrativa, simbólica. Com outro ponto de partida enunciativo e axiológico para o direito. Com novas categoriais, variáveis, principiologia. Quem sabe um caminho seja a proposição de uma nova forma de abordagem dos temas e dos argumentos que não a partir de uma matriz crítica, ainda que consciente ou inconscientemente eurocêntrica. Eis um caminho aberto, como pontuou de modo alvissareiro Vera Karam Chueiri na defesa da tese da livre-docência.

1. O "*ETNOJURICÍDIO*" DAS EXPERIÊNCIAS JURÍDICAS BRASILEIRAS

A construção da juridicidade no Brasil, por força da colonização, traz à tona as mais diversas matrizes da racionalidade jurídica europeia, que historicamente se apresentaram em suas idas e vindas em torno de alguns modelos jurídicos. Um breve olhar nos permitiria perceber aqui direta ou indiretamente que estão presentes as interpretações "ético-existenciais" apresentadas pelos gregos clássicos; as "práticas" feitas pelos romanos ocidentais e orientais na construção de um projeto unificador; as "realistas" apresentadas no mundo medieval pelos métodos casuístico-analítico do *mos italicus* e do sistemático-dedutivo do *mos gallicus*; as "científicas" institucionalizadas pelos positivismo oitocentista; assim como as "políticas", reformuladas no pós-guerra com os modelos constitucionais de Estado.

Cada uma ao seu turno, seja numa interpretação normativa, numa reflexão teórica, numa apresentação universitária, numa decisão judicial, acabam de algum modo estando presentes no modo como nós, brasileiros, pensamos e nos posicionamos diante das questões jurídicas.

Obviamente ainda vivemos num contexto em que a *interpretação política do direito* tem muito por ser construída. Este é seu último estágio. A "leitura à luz da constituição", a proporcionalidade, estão longe de ser um projeto inacabado, especialmente porque a situação sócio-política-econômica da população brasileira se distancia e muito dos anseios desenhados pelos direitos e garantias individuais e sociais, mas também porque os resquícios de um modelo autoritário permanecem no imaginário das instituições públicas. Os atos materiais, legislativos ou mesmo judiciais do Poder Público no país ainda demandam certa dose de revisionismo e necessidade de responder a restrições e fundamentações a favor da cidadania e da democracia efetivas. Embora seja um pouco da própria construção ontológica do Estado, fato é que nos países ex-coloniais e que vivenciaram há pouco longo período de regime ditatorial, a ideia de um "Estado contra o indivíduo" é acentuada e a proteção jurídica é antes um lugar de limitação do poder estatal do que de realização de uma vida mais digna etc. Os tempos de hoje bem expressam isso e a insegurança da democracia igualmente.

Diante deste contexto, e talvez de uma estagnação do movimento teórico do "neoconstitucionalismo", que vivencia diversas crises, desde o ativismo judicial, à debilidade de impedir que antigos modelos (ora travestidos de novos) ascendam à condução das estruturas públicas como regimes de extrema-direita, fato é que, paralelamente a isto vem crescendo um movimento para compreender parte das razões que possibilitaram o Brasil a alcançar este estado. Movimento este que nasce na literatura, nas ciências sociais e na história, mas que apenas recentemente começa a pulular o imaginário das ciências jurídicas: o *movimento descolonial.*

Se o propósito destas reflexões é encaminhar uma discussão sobre como promover a "descolonização" teórica do direito, como já esboçado na introdução deste ensaio, para além dos novos meios de acesso à justiça e a revisão do alcance do direito oficial em sua amplitude, é preciso gastar um tempo em compreender, algo já um tanto estudado pelos autores "decoloniais", contra o que efetivamente se está tentando resistir e o que se pretende descontruir a fim de fazer um novo direito, ou melhor, uma "racionalidade jurídica diversa", atenta a outras variáveis, com outros conteúdos, com conceitos e categoriais jurídicas diversas, enfim, uma desdobradura jurídica própria.

Sem grande novidade, é já senso comum entre os que discutem os problemas da juridicidade pátria, que o lugar central parece ser o fenômeno do "colonialismo" e da "colonialidade" operada nos países, nas culturas, nas subjetividades e nos saberes latino-americanos. Dentre nós, esse movimento já se apresentara de modo original com os vanguardistas dos anos vinte do século passado, mas com feições completamente distintas do que para aqui se está apontando. O projeto nacionalista e antropofágico, que certamente não alcançou o direito, estava no limiar de um movimento de luta por identidades, por reconhecimentos, por uma estética própria, enfim, por um modelo "não-catequizado" de formação modernista nacional.

O "movimento descolonial" segue outros caminhos e seu propósito está em expor e desconstruir a herança colonial que ainda perpassa de modo estrutural as formações burocráticas e práticas do poder; a configuração, delimitação, deformação e exclusão de subjetividades classificadas no binômio padrão-marginal/normal-patológico; bem como origem, permissão, produção e circulação dos saberes locais subestimados diante da ilustração europeia. Portanto, antes de aprofundar este projeto "descolonial", é necessário compreender alguns elementos e argumentos essenciais do colonialismo e da colonialidade que ainda se mostram vivos nos nossos padrões de pensamento, escolhas, decisões, juízos, e, no pior, em nossas ações cotidianas.

O "colonialismo" é um paradigma de compreensão do poder político e econômico, das estruturas sociais e das personalidades, bem como dos saberes tipicamente europeus, nascido com o que a história tradicional convencionou denominar de "modernidade europeia". Está, portanto, como originalmente assinalou Enrique Dussel, vinculado a uma ideia de "modernidade" e de modo ainda mais robusto ao "capitalismo". Ele foi o braço necessário para que a ideia de superioridade europeia se construísse e na sua oposição, a submissão e o sentimento de inferioridade do colonizado[18]. Traduz-se por uma forma de imposição por meio de sua burocracia e forma de pensamento estatal. Esta clausura institucional do colonialismo alcança, segundo as mais diversas leituras dos autores descoloniais (Anibal Quijano, Nelson Maldonaldo Torres, Ramón Grosfoguel, Edgardo Lander, Fernando Coronil, Santiago Castro-Gomez entre outros), a tríade: poder, ser e saber. Em cada um destes aspectos fomos castrados em nossa possível originalidade e autoconstituição, e sofremos o determinismo europeu, estrutural, ético, estético, político, subjetivo e epistêmico. Por isso sobre esta tríade, convém avançar.

Anibal Quijano[19] é um dos tantos autores que ajuda e explicitar a relação, que talvez sintetize bem este fenômeno. Para o autor, a globa-

[18] Fanon, Frantz. *Peau noire, masques blancs*. Paris: Points, 1952. (ler cap. IV – *"Du prétendu complexe de dépendance du colonisé"*).

[19] Estas ideias estão expressas em diversos textos do autor, mas aqui, em síntese, no Quijano, Aníbal. *Colonialidade do poder, eurocentrismo e América Latina*. In.: A colonialidade do

lização em curso é apenas a culminação de um processo que se iniciou com a constituição da América e do capitalismo colonial, moderno e eurocentrado como um "novo padrão de poder mundial". Relação esta que não teria possibilidade de modificação na sua própria essência, se mantidos os pilares epistêmicos como são.[20] O padrão de poder mundial foi estruturado a partir de dois eixos fundamentais: um primeiro, baseado na classificação social da população mundial de acordo com a ideia de raça, no sentido biológico e fenotípico, logo, brancos, negros, indígenas, mestiços, europeus e não-brancos; e noutro de articulação de todas as formas históricas de controle do trabalho, de seus recursos e de seus produtos, em torno do capital e do mercado mundial.[21] Dentre todos os critérios, seguramente a raça, assim como a mais recente distinção de gênero, permanece, de modo consciente ou não, dentro das relações sociais e na estrutura de poder da nova sociedade (eurocêntrica), da mesma maneira que, especialmente na América do Sul, destaca-se em influenciar a relação capital-trabalho ou mesmo na criação do capitalismo visto como nova estrutura de controle do trabalho a partir do colonialismo americano, algo realmente inédito na âmbito global e hegemônico.

Avança Quijano sustentando que é a partir da colonialidade nas Américas e a exploração e fluxo de suas riquezas com destino exclusivo ao mercado mundial, e consequente afluxo e concentração de capital nos países da Europa ocidental ('eurocentramento' do capitalismo mundial), que permitiram a consolidação da cultura globalizada do eurocentrismo, que passa a influenciar e dominar a produção e distribuição do

saber: eurocentrismo e ciências sociais e perspectivas latino-americanas (org. Edgardo Lander) Colección Sur Sur, CLACSO, Buenos Aires, p. 107-130, 2005.

[20] Por isso, por exemplo, embora não seja o propósito deste ensaio, Boaventura Souza Santos desde o final dos anos 80 veio se posicionando favorável à "sociologia das emergências" como linha de fuga e construção da *legalidade cosmopolita subalterna* em oposição aos paradigmas liberais da modernidade ocidental. Neste sentido, ver: SANTOS, Boaventura de Souza. *O discurso e o poder: ensaio sobre a Sociologia da retórica jurídica.* Porto Alegre, Sergio Antonio Fabris Editor. 1988.; _____. *Por uma concepção multicultural de direitos humanos.* Revista Crítica de Ciências Sociais, v. 48, p. 11-32, jun 1997.; e _____. *Poderá o direito ser emancipatório?.* In.: Revista Crítica de Ciências Sociais, n. 65, 2003.

[21] QUIJANO, Aníbal. *Colonialidade do poder, eurocentrismo e América Latina.* In.: A colonialidade do saber: eurocentrismo e ciências sociais e perspectivas latino-americanas (org. Edgardo Lander) Colección Sur Sur, CLACSO, Buenos Aires, 2005 (especialmente item I "A América e o novo padrão de poder mundial").

conhecimento (o Europeu é o estágio mais avançado e evoluído da raça humana) e a nova intersubjetividade mundial e identidade dos demais povos. O etnocentrismo tornou-se o traço comum da dominação colonial e imperial.

O autor desconstrói, sobre a 'falaciosa' teoria da modernidade, a argumentação justificadora do eurocentrismo ser decorrente da modernidade tecnológica e epistemológica (teoria da modernidade), uma vez que esse forte desenvolvimento só foi possível pelo enorme aporte de recursos obtidos por meio do colonialismo; mesmo porque, em outros períodos da história, povos em diferentes lugares do planeta realizaram feitos e descobertas filosóficas, agrícolas, de engenharia etc., em especial, no oriente e mediterrâneo, que foram herdados por povos e regiões subsequentes e distintas. Ideias estas que já apareciam no pensamento dusseliano dos anos 90, o qual propunha a categoria da transmodernidade como alternativa para a pretensão eurocêntrica de que a Europa é a produtora original da modernidade.

Portanto, o colonialismo das Américas produziu de forma inédita uma nova ordem de poder mundial (hegemonia), em decorrência de três elementos comuns e centrais que afetaram a vida cotidiana da totalidade da população mundial: a colonialidade do poder, o capitalismo e o eurocentrismo. Nessa linha então o liberalismo nada mais seria que uma das claras expressões desse contexto material e subjetivo da sociedade na Europa Ocidental, que lhes permitia criar e recriar quase que livremente as relações privadas de trabalho, comércio e ciência.

A criação intelectual do processo de modernidade produziu uma perspectiva de conhecimento e um modo de produzir conhecimento que demonstram o caráter do padrão mundial de poder: colonial, moderno, capitalista e eurocentrado. Essa perspectiva e o modo concreto de produzir conhecimento se reconhecem como eurocentrismo.[22] Assim, o eurocentrismo começou na Europa Ocidental antes de meados do século XVII, ainda que algumas de suas raízes são, sem dúvida, mais velhas, ou mesmo antigas, e que nos séculos seguintes se tornou

[22] Quijano, Aníbal. *Colonialidade do poder, eurocentrismo e América Latina*. In.: A colonialidade do saber: eurocentrismo e ciências sociais e perspectivas latino-americanas (org. Edgardo Lander) Colección Sur Sur, Clacso, Buenos Aires, 2005 (especialmente item II "Colonialidade do poder e eurocentrismo").

mundialmente hegemônico percorrendo o mesmo fluxo do domínio da Europa burguesa. Sua constituição ocorreu associada à específica secularização burguesa do pensamento europeu e à experiência e às necessidades do padrão mundial de poder capitalista, colonial, moderno, eurocentrado, estabelecido a partir da América.

O capitalismo, nesta perspectiva quijaniana, e naquilo que aqui importa esclarecer sobre o colonialismo, decorre da junção e da simultaneidade de todas as formas de trabalho existentes e de controle do trabalho na América, articuladas em torno do eixo do capital e do mercado mundial. Naturalmente, foram parte de um novo padrão de organização e de controle do trabalho em todas as suas formas historicamente conhecidas e em torno do capital. Juntas configuraram um novo sistema: o capitalismo. O capitalismo seria nessa visão um sistema de relações de produção; a heterogênea engrenagem de todas as formas de controle do trabalho e de seus produtos sob o domínio do capital, no que dali em diante consistiu a economia mundial e seu mercado e se constituiu na história apenas com a emergência da América. A partir desse momento, o capital sempre existiu e continua existindo hoje em dia como o eixo central do capitalismo, não de maneira separada, muito menos isolada. Nunca foi predominante de outro modo, em escala mundial e global, e com toda probabilidade não teria podido desenvolver-se de outro modo.

Convém desde logo argumentar que a atual expansão do capitalismo, naturalmente não mais centrado na Europa ou no Norte Global, não altera a lógica da dominação operada pelo colonialismo. Seguramente as teses descoloniais poderiam caminhar por lugares comunistas ou socialistas, e quiçá, as conclusões seriam outras, no entanto, o projeto descolonial não é uma oposição ao capitalismo, mas sim a desconstrução que ele opera e operou em termos coloniais. A inserção forçada de institutos, racionalidades e ordem jurídicas exógenas, planificadores de experiências marginais, é o que importa ao projeto descolonial. Por isso talvez, os estratos marxistas, embora perpassem as discussões descoloniais, não são a base de suas reflexões. Não se quer um lugar fora do capitalismo, mas sim a denúncia de seus nefastos efeitos em termos de violência, submissão epistêmica, e subalternização de subjetividades.[23]

[23] Estes apontamentos são aqui feitos em razão das considerações críticas que me foram muito bem apontadas por Luis Fernando Barzotto na defesa da tese.

Anibal Quijano,[24] comparando o colonialismo e o eurocentrismo em diversos países americanos, como EUA, Caribe, Bolívia, Peru, Uruguai, Chile, Argentina e Brasil, sustenta que em países que utilizaram, na sua expansão territorial ou libertação colonial, processos de democratização do acesso aos meios de produção e trabalho assalariado, como os EUA, foi possível construir uma identidade própria de nação e estado. Contudo, nos países em que houve a adoção de latifúndios (Argentina e Chile) ou de substituição dos colonizadores por minorias dominantes que apenas substituíram o centro do poder antigo e vigente por novos "senhorios" locais, que não guardavam identidade nem interesse em "dividir" o acesso às tomadas de decisões e aos meios de produção, permaneceram países sem solidez como Estado e Nação, necessitando manter suas relações econômicas com a Europa (antiga Matriz, modernizada).

Contudo, a questão da raça e do eurocentrismo permaneceu sendo elemento que impediu o desenvolvimento dos países da América Latina em Estado-Nação. Para Quijano, a homogeneização nacional do povo seguiu o modelo eurocêntrico, e seu alcance só poderia ter ocorrido por um processo radical de democratização social, desde que passado por um processo de descolonização das relações sociais, políticas e culturais entre raças, entre europeus e não europeus.

Entretanto, o poder continua sendo organizado em torno do eixo colonial, por isso o debate político do último meio século na América Latina tem estado ancorado na questão da pretensa feudalidade e semifeudalidade da economia, da sociedade e do Estado, ou se seriam capitalistas. A maioria da esquerda latino-americana, até há poucos anos, aderia à proposta democrático burguesa, seguindo antes de tudo os ali-

[24] QUIJANO, Aníbal. *Colonialidade do poder, eurocentrismo e América Latina*. In.: A colonialidade do saber: eurocentrismo e ciências sociais e perspectivas latino-americanas (org. Edgardo Lander) Colección Sur Sur, CLACSO, Buenos Aires, 2005 (especialmente item III "Eurocentrismo e experiência histórica na América Latina"). "Em cada um dos casos de nacionalização bem-sucedida de sociedades e Estados na Europa, a experiência é a mesma: um importante processo de democratização da sociedade é a condição básica para a nacionalização dessa sociedade e de sua organização política num Estado-nação moderno. Não há, na verdade, exceção conhecida a essa trajetória histórica do processo que conduz à formação do Estado-nação."

nhamentos centrais do socialismo real ou do campo socialista, seja com sede em Moscou ou em Pequim.

Por isso, por exemplo, para Quijano, seguindo a mesma ideia proposta lá nos anos setenta, apenas uma "radical devolução do controle sobre o trabalho/recursos/produtos, sobre o sexo/recursos/produtos, sobre a autoridade/instituições/violência, e sobre a intersubjetividade/conhecimento/comunicação, à vida cotidiana das pessoas nos país ex-colônias", o que ele denomina de revolução socialista pura e autêntica é que conseguiria promover uma mudança efetiva, na esteira do que o proto pensamento descolonial de José Carlos Mariátegui já esboçara no início do século passado[25]. Enquanto isto não ocorrer no plano material, fato é que o olhar eurocêntrico continuará, na perspectiva dele, sendo determinante sobre a visão que temos, de modo distorcido, de nós mesmos.

Em termos jurídicos, esta ideia de colonialismo encontrou um lugar privilegiado. O grande problema deste projeto colonial é que se partiu de uma ideia, ainda bastante presente em termos de *direito comparado*, de que é possível se transportarem a racionalidade jurídica, os institutos jurídicos, as experiências jurídicas estrangeiras de modo natural, como um verdadeiro "transplante jurídico". E isto passou a fazer parte do imaginário do subalterno naturalmente. Foi tão significativo que gerou naturalizações de sentidos jurídicos, como se herdeiros fôssemos de maneira inevitável e talvez até rica e premial da herança europeia. Não precisa ir muito longe no âmbito jurídico para se constatar que a herança é visível no direito oficial brasileiro assim como na própria teoria do direito.[26] No entanto, a questão primeira que se pode colocar é que não há "transplantes jurídicos", porque são impossíveis; não há "tradição natural", porque é inventada; não há "recepção", porque não há voluntarismo. Em síntese, esta naturalização serve para expor ainda mais o quanto se conformou um verdadeiro "colonialismo" em termos jurídicos, e mais, um verdadeiro *etnojuricídio*, a amarrar o direito oficial brasileiro e a sua própria teorização.

[25] Mariátegui, José Carlos. *7 ensayos de interpretación de la realidad peruana*. Lima: Biblioteca Amauta, 1967)

[26] Para uma visão mais clara deste eurocentrismo nas estruturas jurídicas brasileiras, ler de modo mais aprofundado os itens 3.3 (*Colonialidade da teoria do direito brasileira*) e 3.4 (*A colonialidade do direito oficial brasileiro*) em Ferraz Júnior, Tercio Sampaio.; Borges, Guilherme Roman. *A superação do direito como norma: uma revisão descolonial da teoria do direito brasileiro*. São Paulo: Almedina, 2020.

Pierre Clastres em meados dos anos setenta, retomando o termo genocídio, que havia sido criado no Processo de Nuremberg enquanto conceito jurídico em 1946, como um "extermínio sistemático dos judeus europeus pelos nazistas alemães", inventa o termo "*etnocídio*" para se referir ao modo como os povos dominadores fizeram de modo mais amplo com os dominados. Assim conceitua: "o *etnocídio*, portanto, é a destruição sistemática dos modos de vida e pensamento de povos diferentes daqueles que empreendem essa destruição". A ideia de Clastres é bastante forte, pois, como ele mesmo diz, enquanto o *genocídio* aniquila "corpos", o *etnocídio* extermina o "espírito".[27] Ambas as expressões estão escritas num contexto muito próprio, seja porque o primeiro se refere às atrocidades de uma guerra de traços marcadamente europeus, ainda que não tanto quanto a primeira, seja porque o segundo está atrelado ao movimento descolonial político, ainda que Clastres mencione neste texto a América do Sul e os matadores de índios.

No entanto, em termos jurídicos, acredito que podemos ir um pouco além e talvez pensar que o movimento operado pelo direito europeu aqui "enxertado" no contexto brasileiro, que só não foi a fórceps, porque a resistência foi quase nula, promoveu um verdadeiro "*etnojurídicio brasileiro*".[28] À medida que as autoridades que exerceram os principais cargos jurídicos brasileiros eram europeus no início, e na sua grande maioria continua por seus herdeiros, os códigos, as jurisprudências, e, portanto, a racionalidade jurídica do direito que aqui se "transplantava" supostamente de maneira neutra, nada mais fez que promover quase completa anulação de possíveis experiências jurídica pátrias, ou ao menos de formas de racionar e pensar os problemas da sociedade com marcas culturais muito próprias e longe da uniformidade europeia. Num país "descoberto" pela violência jurídica europeia, impossibilitou-se que

[27] CLASTRES, Pierre. *De l'Ethnocide*. In. *Encyclopaedia Universalis*, Paris, Éd. Universalis, 1974. (que foi republicado em *Recherches d'anthropologie politique*, Paris, Seuil, 1980, p. 80-81.)

[28] Aqui, uma tentativa um pouco audaciosa de construir uma relação direta entre as expressões usadas por Clastres, o "*etnocídio*", em 1974; por Reiter, o "*epistemicídio*", em texto inaugural de livro em 2018; e por mim, o "*etnojuricídio*", aqui repetido, porém usado originalmente na mencionada sentença indígena, em agosto de 2018, visto em perspectiva de comparativismo jurídico interno. Sobre Reiter, ver: REITER, Bernd. Introduction. In.: *Constructing the Pluriverse: The Geopolitics of Knowledge*. (ed. Bernd Reiter). Durham: Duke University Press, p. 1-18, 2018.

qualquer forma de experiência genuína e produto das diferenças culturais e étnicas do país pudesse se constituir e evoluir, sendo desde logo aniquilada para que não pudesse progredir. Tal como no genocídio, cujo objetivo está muito além da execução de pessoas, e que pelos mais terríveis instrumentos (estupros, homicídios, torturas, miscigenações forçadas, sequestros, controle populacional, esterilizações etc.), quer-se eliminar um povo, no *"etnojuricídio"* quer-se impedir qualquer forma de manifestação jurídica peculiar do povo dominado/colonizado. Qualquer possibilidade de ter institutos próprios, qualquer forma de pensar em composições de conflitos diversas, qualquer instrumento de estabilização social e manutenção de diferenças devem ser evitados e esvaziados de sentido.

O direito propriamente brasileiro não era naquele tempo, e não o é hoje, artificialmente uniforme, unívoco, uniético e unicultural. As questões jurídicas tipicamente brasileiras ainda são tratadas no plano do folclorismo, do exótico, do diferente-curioso, da idiossincrasia primitiva, involuída e simples. A racionalidade jurídica aqui supostamente "transplantada", mas no fundo verdadeiramente "enxertada", por ser objetiva, segura, sistemática, organizada, metódica, ética, superior, desenvolvida impediu que uma experiência jurídica nacional se construísse, consolidasse-se e se desenvolvesse com suas próprias características. Outros institutos poderiam ter sido criados (se é que deveríamos pensar o direito a partir de institutos), outras formas de organização social-comunitária, outra escala de valores poderia ter sido juridicamente protegida, quem sabe um "direito móvel" na sua escandalosa contradição do termo poderia ter sido pensado, mas tudo acabou sendo aniquilado por ser supostamente inferior, emotivo, exótico, quase "dançante" e "desarrazoado". Por isso, promoveu-se um *"etnojuricídio brasileiro"*, e com isso se implantou aqui, num imaginado transplante jurídico, um direito europeu, um direito externo e em constante contradição com o povo brasileiro.

São poucos, mas contundentes, os autores críticos estrangeiros[29] do direito comparado que exploram esta transposição impossível. Pierre

[29] Uma questão sempre posta quando se está a discutir descolonização é a necessidade de abandono dos autores estrangeiros como fonte de referência a fim de se fazer uma leitura genuína. Questão também nada nova, já que a tríade indiana do movimento descolonial, lá nos setenta chegou a propor, por exemplo, a refutação de Michel Foucault, como fizera

Legrand, por todos,[30] demonstra como jamais se faz uma verdadeira transposição, se não uma imposição. Trata-se de uma visão enganosa e inadequada que carrega consigo uma "metáfora vazia". Para ele, as ideias de fato migram, mas não criam raízes noutro lugar sem modificações. Transplantar implica remover e reposicionar e isso só seria possível no plano da objetividade jurídica. Mas como o direito e sua racionalidade são mais expressões de quem os cria, maneja, forja, e menos um dado neutro e externo, então um transplante tal e qual é apenas uma imagem. Isto só seria possível numa visão formalista do direito (Alan Watson), em que o jurídico se reduz a regras (instrumentos legais e decisões judiciais). Transplante não é pontual, mas um empréstimo em massa contínuo de regras. Neste processo formal, a relação entre o direito e a sociedade é anulada. O autor é contundente em suas críticas a qualquer formalização do direito, a ponto de acreditar, inclusive, que o juiz ou o professor de direito sempre estão no duelo em trair consciente-

Gayatri Spivak (Spivak, Gayatri Chakravorty. *Can the subaltern speak? Speculations on Widow Sacrifice*. In. The Journal Wedge, n. 7/8,1985). Obviamente, como dito outras vezes, seria pueril e bastante irresponsável ignorar construções bem refletidas e bastante consagradas ao longo do tempo pelas inúmeras críticas históricas que sofreram. A questão é saber quais autores precisam ser lidos, e certamente o são aqueles que são *autores críticos*. Portanto, Foucault, Butler, Legrand ou até mesmo Marx devem ser lidos, porque críticos ao próprio pensamento tradicional europeu e norte-americano. Santiago Castro-Gómez, Yuderskys Espinoza Miñoso (usando o método genealógico e o arquivo para resgatar as vozes esquecidas, por exemplo), Susana de Castro (no uso da genealogia para denunciar a razão feminista universal eurocêntrica), Luciana Ballestrin, etc assim têm apontado. Ver, nesse sentido: Castro, Susana de. *"Aposta epistêmica": o feminismo descolonial de yuderskys espinosa miñoso*. In. Revista Ideação, n. 42, p. 86-93, jul-dez 2020.; e Ballestrin, Luciana. *América Latina e o giro decolonial*. In: Revista Brasileira de Ciência Política, nº 11, Brasília, maio-agosto 2013, pp. 89-117.

[30] Dentre seus principais textos a explorar esta ideia estão: Legrand, Pierre. *Comparative law*. In.: Encyclopedia of Law and Society, Los Angeles, v. 7, p. 220-223, 2007.; _____. *Foreign law as self-fashioning*. In.: JCL, v. 12, n. 2, p. 6-44, 2011. ; _____. *La comparaison des droits expliquée à mes étudiants*. In. Comparer les droits, résolument. Paris: PUF, p. 209-244, 2009.; _____. *On the singularity of law*. In.: Harvard International Law Journal, v. 47, n. 2, p. 517-530, 2006.; _____. *The impossibility of legal transplants*. In.: Hein Online, Maastricht Journal Eur. and Comp, v. 111, p. 111-124, 1997.; e _____. *The same and the different*. In.: Comparative legal studies: traditional and transitions. Cambridge: University of Cambridge, p. 240-311. 2003.

mente ou não o direito.[31] E isto é fundamental, pois justamente esta for-

[31] Tive a oportunidade de lhe questionar em aula, quando assisti a seu curso de "Estudos Jurídicos Comparativos" na Paris I, entre os meses de nov/19 a mar/20, sobre a lida do juiz com o direito comparado. Após um tempo, enviou-me a resposta por email, que aqui me autorizou a compartilhar, "Caro Guilherme, aos meus olhos, o juiz diz a lei. Para fazer isso, ele deve contar os fatos, por um lado, e falar a lei, por outro. Ao se preparar para contar os fatos ou falar a lei, o juiz deseja descrever esses fatos ou essa lei da forma mais fiel possível. Ele deseja, idealmente, descrever os fatos objetivamente. Ele quer descrever os fatos reais – os fatos como são, um *sich*. E ele deseja, idealmente, descrever a lei objetivamente. Ele se refere à lei real – a lei como ela é, um *sich*. No entanto, nosso argumento, para Simone e para mim, é que, se examinarmos de perto, o trabalho que o juiz faz sobre os fatos e sobre a lei, não é um trabalho de descrição, mas sim de interpretação. É um exercício de interpretação que está em causa, porque, apesar das aparências, o juiz não conta os factos como são e não diz a lei tal como é. O que o juiz faz é antes nos dar sua leitura dos fatos e sua leitura da lei. O que mais ele poderia fazer? Ele só pode nos oferecer sua própria leitura, a sua própria. E como se trata de leitura, não pode haver identidade com o texto lido. A leitura será necessariamente diferente do texto lido. Visto que existe necessariamente uma lacuna entre o eu e o outro (o eu nunca é identicamente o outro), haverá necessariamente uma lacuna entre o leitor e o texto lido. Esta discrepância mostra que não se trata, portanto, de uma descrição, mas sim de uma interpretação: o juiz interpreta os fatos e interpreta a lei. E, de acordo com Simone e eu, a interpretação exclui a objetividade e exclui a verdade. Quando interpretamos, não podemos ser objetivos e não podemos dizer a verdade. A interpretação requer uma representação que não seja um *sich* fatos ou uma *sich law*. A interpretação requer, portanto, uma segunda representação, uma reapresentação. No entanto, penso que o papel institucional do juiz não lhe permite explicar publicamente que trabalha com representações. Ele é forçado a agir como se estivesse trabalhando com descrições, como se estivesse praticando a objetividade e como se tivesse acesso à verdade. Ele é forçado a agir como se estivesse praticando uma descrição dos fatos e uma descrição da lei. É isso que a Constituição lhe impõe. Mas isso não é, de fato, o que realmente está acontecendo do ponto de vista do juiz. O juiz está fingindo. Ele age como se lhe fosse possível descrever, isto é, como se lhe fosse possível ser objetivo e como se lhe fosse possível ter acesso à verdade. É isso que se espera dele (é isso que a Constituição espera dele e é isso que a comunidade jurídica e a sociedade esperam dele). Mas, pensando bem, esta é uma missão impossível'. Portanto, o juiz finge que o impossível é possível. Ele trapaceia. Institucionalmente, ele não tem escolha: ele tem que trapacear. O importante, para mim, do ponto de vista teórico pelo menos, é que o juiz entenda o que está fazendo. Ele não deve pensar que é objetivo ou estar certo. Em vez disso, ele deve reconhecer, com lucidez, que está trapaceando e que deve trapacear, que não pode fazer de outra forma. Aqui estão alguns pensamentos que me permito compartilhar com você, embora eu não seja um juiz! O juiz, claro, é você! No entanto, é o mesmo para o professor de direito que lê leis ou decisões de jurisprudência e que então escreve seu tratado. Ele quer que as pessoas pensem que ele está falando a lei, para descrevê-lo como um *sich*. Certamente! Mas, no fundo, ele está dizendo sua leitura

malidade e objetividade é que serviram ao "colonialismo" para ofuscar, num suposto "transplante", um verdadeiro *etnojuricídio*.

O colonialismo vestiu a máscara deste direito como regra, sugerindo a possibilidade de uma eficiente e pura transposição, mas, por certo, não passou de declarações proposicionais vazias. Fatores históricos e hábitos de pensamento não impediram a transplantabilidade nesta visão tradicional (*law-as-rules* e *rules-as-bare-propositional-statements*). Com isto, supôs-se um direito sem bagagem histórica, epistemológica ou cultural, por conseguinte, supostamente desconectado da sociedade de origem, assim como da sociedade para onde haveria de ser transplantado. O grande problema, aponta Pierre Legrand, é que nenhuma regra pode existir sem significado, já que o significado é componente essencial da regra, ou melhor, o significado é condição de regra (*ruleness*) da regra.

A regra não fornece totalmente o seu próprio significado, dependendo do contexto. O significado da regra se dá em função dos pressupostos epistemológicos do intérprete. Por isso depende, necessariamente, de pré-compreensões forjadas durante o processo educacional (*Vorverständniss*). Tudo faz parte do que se poderia denominar de *cultural-profile*. Nesta perspectiva, o significado está abaixo da consciência por uma razão bastante simples: o ato de interpretar está embutido num ambiente cultural interno. Portanto, a interpretação é antes de tudo um produto da subjetividade do intérprete. Nesse sentido, o jurista, em especial o comparativista, seja externo, seja interno se pensamos em termos descoloniais e um "comparativismo interno" de experiências jurídicas que coexistem em nossa soberania, não devem ver o direito como um "sistema de declarações vazias" (*law-as-geometry*), mas com visão constitutiva, explicativa e crítica de experiências subjetivas.

Nesse sentido, o direito como significante polissêmico que denota referências culturais, políticas, históricas, antropológicas, linguísticas, psicológicas exibem antes de tudo uma "apreciação do direito". O que permitiu, neste ponto, o colonialismo criar o seu engodo e promover

ou interpretação da lei – o que ele obviamente não pode admitir. E é assim que o livro é denominado, por exemplo, Tratado do Direito das Obrigações, quando deveria, a rigor, ser denominado Tratado do Direito das Obrigações segundo a minha interpretação. Mas tal título obviamente não é possível. Então o professor está trapaceando. Ele não tem escolha. Amigavelmente, Pierre." [trad. do autor].

o "etnojuricídio" da experiência jurídica brasileira foi justamente criar artificiosamente, e com grande impacto na mentalidade dos colonizados, a suposição de que se transportava um direito evoluído, em melhores e mais complexas condições epistêmicas, que haveria de ser "transplantado" aqui. Mas se tratou de um engodo porque o que se transporta de uma jurisdição para outra são palavras sem sentido, pressupondo-se uma regra em estado solitário, que independeria da interpretação e da aplicação, sem uma mentalidade específica e mal intencionada como a do colonizador.

A tese dos transplantes[32] descartar de maneira evidente a existência de fenômenos qualitativamente diferenciados e conteúdos concretos de experiências e valores, sem aceitar a ideia de que existem experiências rigorosamente distantes e diferentes, sob o manto de uma suposta objetividade. Ao se promover este suposto transplante, sustentou o colonizar em termos comparativistas que o significado seria externo e formulado na realidade transplantada[33]. Portanto, permitiu-se criar no imaginário do colonizado que se operaria uma discussão de similitudes entre o que aqui havia e o direito europeu que se transplantava, adaptando-se ao que fosse necessário. Contudo, a grande farsa deste argumento é que a formulação do significado de uma regra se encontra abaixo da consciência porque o ato de interpretação está embutido em um ambiente cultural inteiro. Nesse sentido, a interpretação é um fenômeno intersubjetivo no sentido em que é o produto da subjetividade do intérprete na medida em que interage com a rede de todas as subjetividades dentro de uma comunidade interpretativa. Então, regra é, necessariamente, uma forma cultural de incorporação, uma espécie de "articulador desconhecido", nas palavras de Legrand, de uma sensibilidade cultural que o observador investe na linguagem do texto por meio de um processo de abstração do particular.

A tese dos transplantes jurídicos ignora isso, ao tempo que serve, como serviu ao colonialismo, para promover a compreensão falaciosa de

[32] GLANERT, Simone. *Comparaison et traduction des droits: à l'impossible tous sont tenus*. In.: Comparer les droits, résolument. (org Pierre Legrand). Paris: PUF, p. 279-311.

[33] Ideias também em parte hoje expostas por Ralf Michaels, no Webinar organizado pela Universidade Católica de Brasília em 03 de dezembro de 2020, sob o título *Decolonial Comparative Law*.

que se conseguiria construir no Brasil um direito mais bem desenvolvido do que aqui, primitivamente, havia, quando no fundo "mascarava", quando não foi propriamente ostensiva a relação de dominação entre colonizador e colonizado. Essa mesma ideia fica bastante clara com Gunther Teubner ao falar de *irritações legais*.[34] Para ele, a dicotomia entre "repulsão" e "interação" do organismo em relação ao instituto transplantado é falsa, uma metáfora enganadora. Institutos jurídicos jamais podem ser transplantados, pois não podem ser retirados de um contexto e aplicados em outro. É necessário uma cuidadosa implantação e cultivo dentro de determinado ambiente. A metáfora sugeriria que um instituto poderia ser transplantado para um novo ambiente, e a questão passaria a ser: ele sofrerá "repulsão" ou "integração". No fundo, ocorre: este instituto causa no novo ambiente cultural uma "irritação", que dispara uma série de eventos inesperados. Cria perturbações nos antigos arranjos. Inicia-se uma dinâmica de evolução. A norma externa é reconstruída e o contexto interno sofre mudanças, portanto a questão se traduz entre "contexto *vs* autonomia". Novos arranjos no direito influenciam acordos vinculantes, de maneira que o direito não está mais conectado à totalidade da sociedade, mas a grupos (fragmentos da sociedade). Os vínculos então não são mais formados a partir da "identidade", mas, sim, da "diferença". Vínculos não mais envolvem um desenvolvimento histórico comum, mas uma relação conflituosa de duas ou mais trajetórias evolutivas. Neste ponto, concordando com Legrand, Teubner crê que para o "culturalismo", a lei está ligada à cultura, e seria ingênuo falar que o direito refletiria a sociedade. Maior autonomia não é maior autonomia do direito. E sim maior independência dos discursos da sociedade. Transferências de um sistema a outro podem ser mais mecânicas ou mais orgânicas, a depender se os acoplamentos feitos são "apertados" ou "frouxos". No frouxo, uma transferência é facilmente conquistada, e no apertado há uma resistência alta para que isto aconteça, pois os arranjos vinculativos dependem de outros processos sociais. Quanto mais vinculada aos costumes, grupos sociais, às demandas políticas está uma norma, mais difícil é a sua transferência institucional de um sistema a outro. Institutos ligados à saúde, tecnologia, cultura etc., por estarem

[34] TEUBNER, Gunther. *Legal irritants: good faith in british law or how unifying law ends up in new divergences*. In.: The Modern Law Review, v. 11, p. 11-32, 1998.

num âmbito de forte vinculação com a norma, apenas uma grande transformação social permite esta transferência. Os regimes de produção interferem na transferência dos institutos entre os sistemas. Irritam-se o direito e a sua coercitividade, não apenas das normas estrangeiras, do direito doméstico, quanto das relações com os discursos sociais aos quais se vinculam o direito e estão a ele fortemente acoplados. Resultado dessas irritações legais é que raramente há uma convergência entre essas ordens.

Esta compreensão de Gunther Teubner é fundamental para ser agregada ao processo de descolonização do direito brasileiro. Ciente de que transplantes não existem e que no fundo irritações estão na ordem de conexão, nada resta se não ter plenamente claro no colonialismo que a teoria do direito que também vai se construindo por aqui igualmente passou por um processo de assimilação e se forjou nitidamente europeia. Não se tratou apenas de um direito oficial elaborado como um reflexo, ou uma comparação, mas de verdadeira forja de uma teoria que estivesse a serviço do capitalismo, e, consequentemente, da modernidade jurídica europeia.

Como consequência, houve intensa transposição da racionalidade jurídica, teórica e prática, estrangeira, como se fosse uma tradição inevitável e natural, mas que no fundo foi inventada aos moldes da influência greco-romana no contexto central[35], numa espécie de mito que funda a legitimidade da imposição do modelo eurocêntrico aos povos selvagens e subalternos latino-americanos. Discursos acadêmicos, práticas institucionais nas primeiras estruturas formais no país, sobretudo no séc. XIX, criaram por meio de uma ritualística simbólica, a compreensão de fatalidade do direito europeu como o direito oficial brasileiro, junto com tudo o que poderia vir de mais forte, como uma teoria do direito revigorante de seus termos. Repetições, continuidades, evocações gloriosas do passado e das nações mais evoluídas foram se enraizando e inventando tradições, e como consequência desrespeitando autonomias culturais, e, sobretudo, normativas no que aqui interessa, logo, a autonomia normativa e teórica brasileira.

[35] Estas ideias estão baseadas no texto: HOBSBAWN, Eric. Introduction: inventing traditions. In.: *The Invention of Tradition.* (org Eric Hobsbawn and Terence Ranger). Cambridge: Cambridge University Press, 1983, p. 1-14.

Para Hobsbawn, tradição inventada ("*invented tradition*") se apresenta como conjunto de práticas, geralmente administradas por regras tacitamente aceitas e de natureza simbólica ou ritual, que buscam inculcar alguns valores e normas comportamentais através da repetição, que acabam automaticamente implicando continuidade com o passado. Uma tradição que procura estabelecer uma continuidade com o passado (e aqui com o colonizador), de modo perfeito, criando uma repetição quase obrigatória. Tradição não como tradicional, pois "tradição e costume" se diferem. Mesmo os costumes não são invariáveis, pois as sociedades mudam. Há uma flexibilidade material e formal na aderência ao precedente. Como diz Hobsbawn, metaforicamente: "costume" é o que os juízes fazem, mas "tradição" (tradição inventada) é a peruca, a toga e outras parafernálias formais e práticas ritualizadas em torno de sua ação substancial. O declínio de um costume inevitavelmente muda a tradição com a qual está habitualmente entrelaçada.

Também a "tradição" não se confunde com "convenção ou rotina", pois estas não têm uma função simbólica ou um sentido ritual, podendo ser iniciada incidentalmente. Convenções ou rotinas também não são 'tradições inventadas' porque suas justificativas então são mais técnicas do que ideológicas. 'Inventando tradições" é um processo de formalização e ritualização, caracterizado pela referência ao passado, mesmo que apenas para impor repetição. Tradições formais têm origem mais clara, porque documentada, o problema são as inventadas, típicas latino-americanas. Esse processo de invenção de tradições ocorre com mais frequência quando transformações rápidas numa sociedade enfraquecem ou destroem os padrões, segundo Eric Hobsbawn, logo, antigas tradições são designadas, mas não conseguem ser adaptadas, então, novas são produzidas. Quando as tradições são inventadas, frequentemente não é porque os modos antigos deixaram de ser inviáveis ou inúteis, mas porque deliberadamente não são mais usados ou adaptados.

No Brasil, foi claramente possível verificar a tipologia posta pelo autor inglês das "*invented traditions*": (i) aquelas padrões que estabelecem ou simbolizam coesão social entre membros de grupos, sejam eles reais ou comunidades artificiais (que ficou claro pela forja de modelo antagônico com o que no país havia, sobretudo tendo em conta a realidade afro-indígena); (ii) aquelas que estabelecem ou legitimam instituições, *status*, ou relações de autoridade (e que, portanto, naturalizaram o poder das instituições eurocêntricas, sobretudo, o próprio direito e suas fontes normativas); e (iii) aquelas cujo propósito é a socialização, inculcação de crenças, sistemas de valores e convenções de comportamentos (com a reprodução do monismo ético e normativo). O grande problema, enfim, é que estas práticas antigas estão fortemente vinculadas às práticas sociais, e por serem práticas inventadas não são específicas e também são vagas quanto à natureza dos valores, direitos e obrigações impostas, como patriotismo, lealdade, obrigações etc., o que em grande medida se disseminou com o imperialismo e se chocou com o multiculturalismo e a plurinacionalidade brasileira.

Tratou-se de transposição às claras, mas também por vezes silenciosas que impedia e ainda impede a crítica deste papel avassalador, sempre sob a justificativa da utopia idílica da magnitude dos povos desenvolvidos (e isto se repete ainda hoje, a ver-se por importações desastrosas e sem reflexão de institutos, como a "delação premiada" norte-americana etc.). Um exercício que retirou historicamente a autonomia nacional, criando no Brasil em termos de *direito oficial* e de teoria do direito uma sociedade heteronômica (*société hétéronome*), marcada pela clivagem entre a sociedade instituída e a sociedade instituinte, esta ocultadora de originalidades[36]. Isto implica que não se tratou de simples reflexo aqui apresentado, mas verdadeira instituição forçada de uma racionalidade ocultada na tradição por instâncias extra-sociais em grande parte. Instituições perenes, procedimentos iluminados são colocados por vozes intertextuais neste processo de ocultação das origens, impedindo a crítica e forjando uma simples e mera "recepção"[37].

Como consequência, um processo intenso de colonização do poder, mas de colonialidade do ser em termos jurídicos foi se costurando, e sob a sua égide se erigiram as instituições formais do Estado Brasileiro. Passou a existir então uma espécie de direito oficial e sua teoria jurídica eurocêntricos, mas cujo descompasso na origem foi suprimido pelo recurso da força e da legitimidade da evolução cultural e biológica,

36 Castoriadis, Cornelius. *L'imagináire social et l'institution*. In.: L' institution imaginaire de la société, Paris: Le Seuil, 1975, p. 536 ; _____. *Institution de la société et religión*. In.: Domaines de l'homme, Paris: Points, 1982, p. 476.

37 Castoriadis, Cornelius. *Les carrefours du labyrinthe: la montée de l'insignificiance*. t. IV. Paris: Points, 1996.

contudo o atual desalinho não é tão facilmente sufocado, em razão das matrizes culturais várias que existem na sociedade brasileira, eminentemente marcada pela multi/interculturalidade originária (afro e indígena), do pluralismo axiológico e da multinormatividade jurídica existentes.

Enfim, uma colonialidade que impingiu ao Brasil, com o mito da modernidade e a falácia do desenvolvimentismo, um lugar inferior, condenável, cuja preguiça e a covardia, nos dizeres de Dussel,[38] bastante aliada à herança africana, indígena e mestiça, gerou na subjetividade colonizada um estado de culpabilidade imatura, um espírito infantil.[39] O "descobrimento", nessa concepção, seria o ápice da modernidade. O ego e a subjetividade europeia imatura do mundo (América Latina) se desenvolveriam com a chegada dos espanhóis na América. Descobre-se não apenas um conceito emancipador, mas um mito vitimizador e destruidor do europeísmo fundado na falácia eurocêntrica e desenvolvimentista.

A colonialidade do poder, do ser e do saber se traduz na imposição de uma classificação étnico-racial, operada no plano material e subjetivo em diversas estruturas. Origina-se na América, quando o poder capitalista se torna mundial. Enquanto o colonialismo se refere a uma estrutura de dominação e exploração (controle da política, produção e trabalho), a colonialidade ao poder racista e etnicista, que se opera dentro de um Estado. Trata-se de um padrão de colonialidade e modernidade que se estabelece entre Europa e América Latina. Com isso, novas identidades sociais se formam: negros, amarelos, brancos, mestiços e uma nova geocultura aparece a partir de relações intersubjetivas de dominação sub-hegemônicas. Naturalizadas experiências, identidades e reações his-

[38] Dussel, Enrique. *Europa, modernidade e eurocentrismo*. In.: A colonialidade do saber: eurocentrismo e ciências sociais e perspectivas latino-americanas (org. Edgardo Lander) Colección Sur Sur, Clacso, Buenos Aires, p. 24-32, 2005.

[39] Hegel serviu e muito a sustentar este propósito. Dizia Hegel: Alemanha, França, Dinamarca e países escandinavos são o coração da Europa (*das Herz Europas*). "O espírito germânico é o espírito do novo mundo. Realização da verdade absoluta". Para Hegel, a Europa tem em si a sua plena realização, nada havendo a aprender com as outras culturas. Ante os europeus, os outros povos não têm direito (*Rechtlos*). Isto na interpretação de Dussel. Neste sentido, ver: Dussel, Enrique. Desde el ego europeo: el em-cubrimiento. In.: *1492: el encubrimiento del otro: hacia el origen del mito de la modernidade*. La Paz: Plural, 1994, p. 11.22.

tóricas da colonialidade. Distribuiu-se geograficamente o poder. Desde o séc. XVIII (iluminismo) se construiu uma ideia mitológica de que a Europa preexistiu a este padrão de poder. Segundo Quijano, o poder luta pelo controle da existência social nos seguintes espaços: (i) o trabalho e seus produtos; (ii) a natureza e os recursos de produção; (iii) o sexo, seus produtos e reprodução de espécies; (iv) a subjetividade e seus produtos materiais e intersubjetivos (inclusive o conhecimento); e (v) a autoridade e seus instrumentos de coerção.

Como consequência deste controle, de pré-existência europeia, de um poder racista e etnocentrista, forjou-se pela suposição de um transplante jurídico, um direito colonial, que não era nem o ápice de desenvolvimento da *intelligentsia* (e a caricatura do termo aqui em muito contribui) jurídica europeia e nem a introdução discutida e refletida de um direito estrangeiro na experiência jurídica brasileira. Logo, institutos absolutamente distantes do amálgama cultural e regional do Brasil foram aqui forçadamente "enxertados", uma verdadeira "*enxertia jurídica estrangeira*".

2. A "*ENXERTIA JURÍDICA ESTRANGEIRA*" EM PERSPECTIVA COMPARATIVISTA

E o termo "*enxerto*"[40], que vem no título deste subitem, traz em sua gênese metafórica justamente o procedimento usado na agricultura, em que se insere uma gema, um broto ou um ramo de um determinado vegetal em outro vegetal, desenvolvendo-se sobre a planta originária.[41] Em suma, como se fala nesta outra ciência[42], o enxerto se opera pela união de tecidos de duas plantas, de regra de espécies diferentes, em que uma serve apenas como suporte (sem ser completamente aniquilada, mas tolhida em sua função existencial) – porta-enxerto/cavalo, fornecendo água, nutrientes e adaptações da planta enxertada ao solo – enxerto/cavaleiro. O propósito de ser fazer "enxertos" é porque a planta a ser enxertada tem características mais nobres, de regra formadora de copas e frutíferas, responsável pela absorção da luz do sol. De maneira sucinta, explicitam os agrônomos que as razões da enxertia são muitas: precocidade na produção (transferência de maturidade); redução no porte da planta que se originará (facilitando tratos culturais); viabi-

[40] É preciso deixar claro que se trata de uma metáfora e está longe de ser o uso de uma categoria de outras ciências, especialmente naturais, a fim de explicar os problemas humanos, como outrora já muito se referendou, especialmente no campo da *antropologia evolucionista.*

[41] Convém explicitar, ainda que superficialmente e dentro das possibilidades de compreensão do autor deste texto, um pouco mais esta metáfora, pois é muito útil à compreensão do colonialismo jurídico.

[42] Informações aqui obtidas superficialmente a partir das "Recomendações Técnicas" da Embrapa. Ribeiro, George Duarte et ali. *Enxertia em fruteiras.*, In. Recomendações Técnicas, Embrapa, Julho 2005, p. p. 1-8.

lizar cultivo de espécies suscetíveis a problemas ambientais; assegurar ou expandir características desejáveis por mutações induzidas; substituir plantas pouco interessantes; estudos de viroses; ou, enfim, por caráter ornamental ou exótico (floricultural ou planta multivarietal).

Estas explicações são muito úteis pois conseguem sintetizar exatamente o porquê de aqui no Brasil ter se operado não um "transplante", nem uma "recepção" e muito menos uma "tradução", em termos comparativistas, mas sim uma "*enxertia jurídica*", e nisto não se pode dizer o mesmo em relação aos demais países latino-americanos por força de um processo colonial português ser bastante diferente em relação ao espanhol (eis aqui mais uma das razões porque não conviria usar o termo "decolonial" e se preferir "descolonial" para diferenciar a teoria descolonial do direito brasileira em relação ao processo descolonial do resto da América Latina de formações espanholas).

De fato, a experiência jurídica brasileira além de ser aniquilada por aquilo que acima se chamou de um "etnojuricídio jurídico brasileiro", sofreu sobremaneira desta enxertia. Institutos, racionalidades, procedimentos, instituições, personalidades jurídicas, tipos legais, enfim, formas de se pensar o direito e a subjetividade jurídica no Brasil foram anuladas, mas não completamente, tal como se faz com o porta-enxerto ou cavalo na enxertia, para que um direito estrangeiro, etnocêntrico e eurocêntrico fosse enxertado, por ter "características mais nobres", e pudesse produzir "melhores frutos". Valendo-se da comparação, as razões da "enxertia frutífera" são bastante parecidas com a "*enxertia jurídica*": transferir para cá a maturidade do direito europeu diante da suposta "infantilidade" da experiência jurídica brasileira; reduzir qualquer possibilidade de que o direito brasileiro (direito porta-enxerto/cavalo) pudesse alcançar um porte maior que o direito europeu (direito-cavaleiro), "facilitando tratos culturais"; permitir o cultivo de um direito que fosse capaz de lidar com os "problemas ambientais" (leia-se, com os problemas que uma colônia poderia causar com a sua diversidade, e que até hoje o pode no tabuleiro internacional); assegurar ou expandir características que apenas importariam ao "direito estrangeiro" e não ao "direito brasileiro" (por "mutações induzidas"); substituir experiências jurídicas (guaranis, quilombolas, caiçaras, ribeirinhas, faxinalenses etc.) "pouco interessantes" para a metrópole; estudar e compreender um "direito viciado", porque supostamente frágil, débil e doente; e, por fim, apenas porque seria um belo quintal europeu, mantendo-se assim um "caráter ornamental ou exótico".

Mas os agrônomos ainda acrescentam três requisitos necessários de serem observados para se ter sucesso na enxertia: afinidade de plantas envolvidas (certo grau de parentesco); as superfícies em contato devem estar limpas e ser lisas para permitir a união perfeita; as pessoas envolvidas no manejo devem ter cuidado e habilidade. E aqui reside o problema, já evidenciado por Pierre Legrand (*transplantes*)[43], Simone Glanert (*tradução*)[44] e Gunther Teubner (*irritações legais*), que aqui converge com a *enxertia jurídica*: além da habilidade e o cuidado com o manejo de um comparativismo jurídico que jamais tiveram os colonizadores, as sujeiras eventuais no contato entre o direito europeu e a experiência jurídica brasileira são e foram muitas e apenas supostamente escondidas pela ideia de "similitude", mas, por fim, a "afinidade de direitos envolvidos" mostra a sua fragilidade. É justamente na ausência desta afinidade que o projeto descolonial procura se agarrar. A crise descolonial é a crise desta enxertia, que pretende minguar lentamente esta influência colonial.

Upendra Baxi,[45] embora não toque nas questões latino-americanas e muito menos brasileiras, aponta reflexões interessantes sobre o tema metaforicamente aqui tratado como uma enxertia, mas o faz nos seus estudos pós-coloniais a partir da ideia de "violência" na herança colonial. A ideia de herança envolve sempre de algum modo diversas ordens de narrativas hegemônicas. Quais elementos são constitutivos de sua essência e quais foram "recebidos" à força e para quais efetivamente houve resistência? Estas questões colocam em termos gerais a heterogeneidade histórica e espacial do embate colonial *vs* pós-colonial. Padrões de "recepção" e de "resistência" são postos em atenção. Segundo Upendra Baxi, o que se esquece é que, entre "tradições" e "transições", exis-

[43] Ideias também expostas por Pierre Legrand no Webinar organizado pela UCB em 18 de novembro de 2020, sob o título *Negative Comparative Law: A Strong Programme for Weak Thought*.

[44] Glanert, Simone. *Comparaison et traduction des droits: à l'impossible tous sont tenus*. In.: Comparer les droits, résolument. (org Pierre Legrand). Paris: PUF, p. 279-311.

[45] Reflexões feitas a partir de seu artigo: Baxi, Upendra. The colonialist heritage. In.: *Comparative legal studies: traditions and transitions*. (Pierre Legrand and Roderick Munday org). Cambridge: Cambridge University Press, p. 45-75, 2003.

tem um meio termo: "transações"[46]. Em termos comparativistas, estas "transações" podem ser abordadas por diversos gêneros de investigação, ora "positivista" a partir da difusão normativa e institucional dominante; ora "instrumentalista", colocando em perspectiva o velho e o novo mundo em termos de modernidade e não-modernidade; ora "sociológico", explorando a produção de diferenças culturais em termos de ordens normativas e possibilidades pluralistas; ora "crítico", com foco na difusão da dominação jurídica e ideológica operada pelas tradições e suas próprias transformações.

Para Upendra Baxi, a herança jurídica colonial pode ser vista sob três aspectos: como um empreendimento ético, como um negócio histórico ou como um conjunto de práticas de violência. Numa primeira perspectiva, a ideia kantiana de esclarecimento envolvendo uma tensão imanente entre autonomia e obediência, entre menoridade e maioridade, e a luta constante do ser humano para, ousando, alcançar sua liberdade, e, logo, a sua dignidade, enraizou as noções eurocêntricas de padrões morais universais e abriu caminho para o "paternalismo jurídico". Em outros rumos, a leitura histórica da herança supôs nas lições savignianas que direito, tal qual a linguagem, nada mais seria que um produto intergeracional, que alguém transfere e alguém herda, porque de algum modo está vinculado com a ideia de *Volksgeist*. Este espírito do povo traz uma dimensão popular para as mudanças jurídicas, em que o legislador metropolitano e os colonos receptores desta ordem jurídica encontram uma transição quase homogênea. Por fim, em termos de violência, a herança envolve inevitavelmente o desejo de dominação global, e políticas universais de exclusão.

Práticas violentas e cruéis de imposição central foram para além de experiências governamentais, porque alcançaram foros epistêmicos e jurídicos. Disseminou-se a compreensão de que colonos não teriam experiencias anteriores, e tampouco teria conhecimento de capacidade para criar direito e formas de manifestações jurídicas. Esta ideia naturalmente não afetou apenas aqueles que receberam a herança colonial, mas também quem a produziu e quem continuou a reproduzir.

[46] Baxi, Upendra. The colonialist heritage. In.: *Comparative legal studies: traditions and transitions.* (Pierre Legrand and Roderick Munday org). Cambridge: Cambridge University Press, 2003, p. 46.

Para além da imposição violenta, um fato relevante especialmente para o Brasil, é que a "mentalidade jurídica colonial" (*colonial juristic mindset*) se mantém mesmo quando a colônia deixa de existir. E é justamente aqui que reside o principal ponto das reflexões descoloniais. O objetivo não é o "livramento" colonial, ou a "emancipação" nacional, e sim a "desconstrução" desta herança, abrindo caminhos para um lugar próprio. Trata-se no fundo de se rever esta enxertia e rever até que ponto e até que medida o fruto deste processo ainda não é forçadamente uma mentalidade jurídica colonial. Por isso é necessário um *descomparativismo jurídico interno.*

3. DESCOLONIAL OU DECOLONIAL: A CONSTRUÇÃO DE UMA CRÍTICA BRASILEIRA

O problema parece estar em princípio evidenciado: o colonialismo nos legou um direito e uma teoria jurídica que não nos é própria. Houve um intenso e bem estruturado processo de colonização em sua tríade poder, saber, ser jurídicos. Pensamos como europeus, submetemo-nos às experiências e teorias europeias (e hoje, naturalmente, aos norte-americanos), replicamos e importamos desastrosamente institutos distantes do contexto cultural brasileiro, e ignoramos os nossos problemas como fontes criativas de soluções e teorias nossas para nos curvarmos a algo que colocamos como superior. No entanto, este fenômeno no final dos anos setenta e início dos anos oitenta na América Latina de colonização espanhola começou a ser notado com mais vigor, e recentemente no Brasil, começou a alcançar o direito. Eis que surge então o movimento de "descolonização" e algumas questões são colocadas, como as teorias pós-coloniais e o giro descolonial como pressupostos.

Se o colonialismo/colonialidade alcança dimensões muito além da relação metrópole-colônia como visto, certamente também é complexo o processo gradual de resistência e rompimento a este jogo de forças, que ficou conhecido como "descolonização". Sob o ponto de vista pragmático, convém apenas a título de substrato, evidenciar este fenômeno, tentando delimitá-lo em sua episteme. Ao se falar em "descolonização", usualmente se remete ao processo de luta e emancipação nascido após a Segunda-Guerra Mundial contra o imperialismo europeu novecentista. Os danos causados pela Segunda Guerra Mundial aos países europeus, naturalmente, fragilizaram seus sustentáculos coloniais na Ásia e na África, constituídos durante o neocolonialismo do século XIX. Os países imperialistas não tinham mais como manter a estabilidade e as condições econômicas de suas colônias, além de não poderem mais sustentar um regime como esse, sobretudo depois do "espírito de Yalta" e a busca por um novo equilíbrio de poderes no sistema internacional de estados. França e Inglaterra, sobretudo, sofrem perdas significativas no pós-guerra. O processo de "descolonização" se inicia em 1946, quando os EUA perdem as Filipinas, e, termina, quando em 1975, as últimas colônias portuguesas são declaradas independentes.

Este processo de descolonização seguiu, basicamente, dois itinerários: de um lado, houve processos gradativos de inconformismo, que levaram os países imperialistas a terem de reconhecer a independência de suas colônias, por ato próprio; e, de outro, houve processos conflituosos, com grandes perdas, cuja independência foi conquistada a duras penas, imposta pelos revolucionários. O pano de fundo era específico, a Guerra Fria, diferentemente da descolonização da América castelhano-portuguesa, ocorrida durante o século XIX. Neste, o nacionalismo que sustentava a dissolução era basicamente étnico, voltado a questões linguísticas e culturais sobretudo, enquanto naquele, o nacionalismo que sustentava a descolonização era mais centralizado momentaneamente na busca de soberania política, por uma crescente luta anti-imperialista. Dos principais conflitos de independência (Índia britânica, Indochina francesa e norte-africano francês) resultou fisicamente num rearranjo no cenário das forças internacionais durante a Guerra Fria, criação de blocos de Países Não-Alinhados pós-Bandung; e a construção do terceiro-mundismo na expressão do demógrafo Alfred Sauvy. É a isto que usualmente se pretende denominar com o termo "descolonização" em perspectiva geopolítica, e a isso vem se diferenciar o processo "decolonial".

Consequência de todo este processo, de povos então "libertos" que passam a se organizar no tabuleiro internacional a partir de alguns ideais geopolíticos comuns, especialmente em torno do terceiro mundismo, começa a nascer lentamente um projeto teórico, que se convencionou denominar de "*decolonial*" ou "teorias *decoloniais*" ou mesmo "*decolonialidade*". Questão talvez menor, mas sempre em voga, diz respeito à nomenclatura, se melhor denominar este fenômeno de "descolonização" ou "decolonização". O debate da nomenclatura pode ser da ordem linguística ou epistêmica. Alguns autores, inclusive brasileiros, como

Luciana Ballestrin[47], mostram a prevalência atual do termo "decolonização", na esteira do esboçado originalmente por Catherina Walsh[48], contudo, algumas questões importantes se colocam, que parecem ser necessárias de problematizar quanto ao uso deste vocábulo.

Em termos linguísticos, não parece razoável o uso do vocábulo "decolonização", mas sim produto de um empréstimo inadequado da língua espanhola ou inglesa, nas quais sugere apresentar boa sonoridade. E é razoável que o termo tenha se originado nestas línguas, a uma porque foram os autores da América Espanhola que fundaram aqui no Sul Global o movimento, seja também porque alguns destes mesmos autores da América Latina migraram para os EUA, e passaram a escrever em inglês. Então, seja no espanhol, seja no inglês, a escrita do vocábulo é a mesma.

No entanto, se aprofundarmos autores de língua portuguesa, e as teorias próprias da fonologia que servem à nossa língua, a perda do "s" não parece encontrar substrato adequado. Ana Maria Santos Pinto em tese apresentada ao Departamento de Línguas Vernáculas da UFRJ[49], discutindo diversos alomorfes de negação lexical (a, des, i, in, na), afirma, após elaborar um *tableaux* específico a partir da Teoria da Otimalidade, que a alomorfia do prefixo latino 'des' (separação, privação, negação, inversão e às vezes reforço ou reiteração) é complexa, e depende de a qual base se encontra unida. Após examinar em detalhe estas bases que seguem ao "des" em categorias: iniciadas por (i) consoantes surdas (p – desproteger, t – destravar, c – descascas); (ii) nasais (m – desmascarar, n – desnaturar); (iii) fricativas labiais (f – desfazer, v – desviar); (iv) sibilantes (s – dessalgar, j – desjejum, g – degelar); (v) laterais (l – deslizar, r, desratizar) e (vi) vogais (a – desapartar, e – desenganar, i – desintegrar, 0 – desobedecer), apresenta conclusões bastante oportunas para ajudar a esclarecer se, no Português, seria razoável usar "des +

[47] BALLESTRIN, Luciana. *América Latina e o giro decolonial.* In: Revista Brasileira de Ciência Política, n. 11, Brasília, p. 89-117, maio-ago 2013.

[48] Entre outros textos da autora, ver mais recentemente: WALSH, Catherine. *Interculturalidad, Estado, Sociedad: Luchas (de)coloniales de nuestra época.* Universidad Andina Simón Bolivar, Ediciones Abya-Yala: Quito, 2009.

[49] PINTO, Ana Maria dos Santos. *Alomorfia prefixal numa abordagem otimalista: análise de /iN-/, /na-/ E / deS-/.* Tese de doutorado apresentada ao Programa de Pós-Graduação em Letras Vernáculas da Universidade Federal do Rio de Janeiro, no ano de 2008. Ler especificamente o cap. 4, item 4.3 (Análise da alomorfia do prefixo /deS-/), p. 90-102.

colonização" ou "de + colonização". Embora não cite como exemplo o vocábulo, mas é possível concluir que só haveria a perda do "s" se ocorresse a restrição OCP (Princípio do Contorno Obrigatório), o que não ocorre, pois não se trata de duas consoantes com os mesmos traços (elementos adjacentes idênticos na representação lexical), tal ocorre com "de + gelar", ou seja, "des + gelar" aproxima duas consoantes sibilantes. "Des + colonizar" implica uma sibilante com uma consoante surda, não havendo porque suprimir a sonoridade do "s", e, portanto, promover o "apagamento fonético" da coda, ou o cancelamento do som do "s" (degeminação). Em suma, se a perspectiva silábica for fonética, e, portanto, a discussão for no campo da Linguística, parece-me mais adequada a explicação de Ana Pinto, que demonstra não haver restritores de alto nível para o uso do "s" na palavra "descolonização". Portanto, no Português, conviria o uso de "descolonização".

Resta, no entanto, a explicação de ordem sociológica, enquanto movimento político-epistêmico, cuja origem estaria na luta para diferenciar o ideal do então criado coletivo M/C – Modernidad Colonialidad, enquanto projeto de resistência teórica ("decolonização"), em oposição ao projeto de resistência física nascido nos movimentos de libertação nacional pós-Segunda Guerra Mundial ("descolonização afro-asiática"), como suso rememorado.

Contudo, embora adiante mais bem explicado este processo e a criação do Grupo Latino-Americano, e a par de compreender a relevância naquele momento de se firmar a nomenclatura deste processo como "decolonização", não me parece hoje ainda adequado manter entre nós esta designação. O projeto descolonial que se inicia no Brasil há uma década de modo mais intenso, tem contornos próprios e enfrenta problemas e oposições peculiares do tipo de "colonialismo" que aqui se operou, em distinção ao projeto espanhol na América Latina. Por certo que há similitudes, por certo que a correlação das discussões é frutífera e a união de pesquisadores naturalmente oportuna, todavia, o processo de descolonização aqui certamente guarda idiossincrasias que impedem de identificar, o que não implica se distanciar, seu percurso com o projeto inaugurado pelos autores latino-americanos de língua espanhola. Estamos em tempo de tentar discutir nossas questões, não num projeto ufanista, mas consciente das subjetividades marginalizadas que nos são próprias, como os povos autóctones, as minorias étnicas e sociais, as populações tradicionais, historicamente subalternizadas. Por exemplo, um simples olhar nas demais constituições latino-americanas (Colômbia, Venezuela, Peru, Bolívia etc.) deixa transparecer, num tema comum a ambas as formas de colonização – espanhola e portuguesa – a questão indígena, o quanto o tratamento tem em direitos, garantias, extensões normativas alcances absolutamente distintos. Por isto, usar o vocábulo "decolonial" é de novo silenciar um "dizer e um pensar brasileiros", já que a expressão, como visto, tem suas origens do empréstimo destes autores de língua espanhola.

Então, mais adequado em termos epistemológicos, porque um movimento de características particulares em seu contexto brasileiro, e em termos linguísticos, porque a língua portuguesa, como visto, não nos conduz ao apagamento fonético do "s", é o uso sempre das palavras "descolonização", "descolonizar", "descolonizando"/"descolonializ ando" (aqui, se a aventura neologística for necessária e permitir). Isto não implica naturalmente descolar o "colonialismo" da "modernidade", como se poderia superficialmente sugerir e levar a uma crítica pelos autores decoloniais. Esta amarra está para além e Walter Mignolo muito bem já demonstrou.[50]

Avançando, no âmbito pós-colonial, duas questões precisam ser colocadas: primeiro, o tempo histórico posterior à descolonização do terceiro mundo (independência, libertação e emancipação das sociedades exploradas no imperialismo e neocolonialismo) – continentes asiático e africano; e, segundo o conjunto de contribuições teóricas oriundas de estudos literários anos 80 (EUA e Inglaterra).

Uma análise a passos largos permite evidenciar características relevantes, como um caráter discursivo do social, o descentramento das narrativas e dos sujeitos contemporâneos, o método da desconstrução dos essencialismos, enfim, a proposta de uma epistemologia crítica às concepções dominantes de modernidade[51]. De um modo geral, o colonialismo pressupõe exploração/opressão, como visto, e isto no capitalismo é evidente, no entanto, elas podem ocorrer em decorrência da escravi-

[50] Mignolo, Walter. *Colonialidade: O lado mais escuro da modernidade.* Revista brasileira de Ciências Sociais, v. 32, n. 34, 2017.

[51] Costa, Sérgio. *Dois atlânticos: teoria social, anti-racismo, cosmopolitismo.* Belo Horizonte, Editora da UFMG, 2006.

dão/patriarcado, e isto não está necessariamente em correlação com o capitalismo (eis aqui um ponto importante capaz de mostrar, como se verá adiante na conclusão deste trabalho, do porquê a "teoria descolonial do direito" seria um desdobramento da "teoria crítica do direito", embora nela inserida).

A descolonização pressupõe o "antagonismo da relação colonial", à medida que não há identidades plenas, mas sim a impossibilidade de constituição. A América viveu seu pós-colonialismo no séc. XIX, reproduzindo aqui um "colonialismo interno"[52]. Apresentaram-se, então, lentamente autores considerados como diaspóricos ou colonizados, oriundos das universidades periféricas. No entanto, a primazia do movimento se opera pelos seguintes momentos e seus personagens[53]:

(i) anos 50/70 – a "tríade francesa": o psicanalista negro martiniquenho Franz Fanon (*Os condenados da terra*, 1961 e *Pele negra, máscaras brancas*, 1971); o escritor tunisiano Albert Memmi (*Retrato do Colonizado precedido de retrato do colonizador*, 1947), e o poeta negro martiniquenho Aimé Césaire (*Discurso sobre o colonialismo*, 1950). Fato relevante de ser destacado é que Jean Paul Sartre prefaciou Fanon e Césaire, relatando aqui o que Luciana Ballestrini denominou de a "culpa europeia" – concomitantemente à tríade, aparece de maneira isolada Edward Said, (*Orientalismo*, 1978), quando sustentou o Oriente como invenção do Ocidente, bem como a funcionalidade do saber no exercício de dominação sobre o outro. Paralelamente, aparece o Grupo de Estudos Subalternos (*'subaltern studies'*) – liderados por Ranajit Guha, marxista indiano, que se dedica à historiografia colonial e eurocêntrica indiana;

(ii) anos 80 – a "tríade sagrada" – que nasce fora da Índia como extensão do *subaltern studies*, mas ganha força com Partha Chatterjee, Dipesh Chakrabarty e Gayatri Spivak. Estes autores passam a ver o colonialismo com uma dimensão epistêmica vincu-

[52] Casanova, Pablo Gonçalves. Colonialismo interno (uma redefinição). In.: A teoria marxista hoje: problemas e perspectivas. Buenos Aires: Clacso, p. 431-458, 2007.

[53] Melhor texto a sintetizar estas ideias foi: Ballestrin, Luciana. *América Latina e o giro decolonial.* In: Revista Brasileira de Ciência Política, nº 11, Brasília, maio-agosto 2013, pp. 89-117, aqui usado como referência.

lado ao nascimento das ciências sociais. Para eles, a marca do colonialismo teria sido a criação no imaginário do "mundo social do subalterno" pelas figuras: o oriental, o negro, o índio, o camponês. Esta partição étnica teria servido para a legitimação do poder imperial, ao mesmo tempo que permitiu a criação de paradigmas epistemológicos e a geração de identidades colonizadores-colonizados. Em particular, é neste contexto que a autora Gayatri Spivak escreve o clássico *Can the subaltern speak?* (1985), criticando Foucault, Deleuze etc, como outrora mencionado. Para estes autores, em especial Spivak, o subalterno permanece silenciado, mesmo pelos seus intelectuais. Ele é mais um 'outro'. Ainda, neste momento, como produto dos estudos descoloniais na difusão da crítica literária e estudos culturais, surgem novos nomes, como o indiano Homi Bhabha, o jamaicano Stuart Hall e o inglês Paul Gilroy. É aqui o momento de confluência dos estudos pós-coloniais com os "estudos culturais e multiculturais" (globalização, cultura, identidade de classe, etnia, gênero, migração e diáspora).

(iii) anos 1990 – autores latino-americanos como Aníbal Quijano (*Colonialidad y Modernidad-Racionalidad*, 1988, reimpresso em 1992), fundam o Grupo Latino-Americano dos Estudos Subalternos. Em 1998, Santiago Castro-Gomez traduz para o espanhol o Manifesto do Grupo. Começa a ocorrer a inserção da América Latina no debate pós-colonial. De modo mais consistente, a explicação do grupo está na obra coletiva (*Teorias sin disciplina*, 1998, organizada por Santiago Castro-Gómez). Sem dúvida, é Walter Mignolo o autor mais crítico, que chega a ponto de refutar qualquer referência ao grupo indiano, em razão de suas diferenças coloniais. A colonização britânica seria bastante diferente da espanhola (e aqui novamente se poderia dizer: também a colonização portuguesa foi diversa). O grupo segundo Ramón Grosfoguel[54] não conseguia romper com a episteme centrada no Norte, sobretudo pelas referências a Gramsci e Foucault do

[54] Grosfoguel, Ramón. *Para descolonizar os estudos de economia política e os estudos pós-coloniais: transmodernidade, pensamento de fronteira e colonialidade global.* Revista Crítica de Ciências Sociais, n.80, p.115-147, 2008.

grupo sul-asiático. Nenhum dos autores teria conseguido radicalizar a crítica ao eurocentrismo. Ambos os autores convergem, tanto Ramón Grosfoguel quanto Walter Mignolo nesta crítica.

(iv) final dos anos 90 e início de 2000 – a partir de 1998, aparece o Grupo M/C – Modernidad/Colonialidad nos EUA. Aqui surge a teoria decolonial propriamente dita. Inúmeros encontros começam a pulular por congressos realizados nas Universidades de Duke, Javeriana, Norte Carolina, Bolívar, a se iniciar na Venezuela pela Clacso, reunindo Edgardo Lander, Arthuro Escobar, Walter Mignolo, Enrique Dussel, Aníbal Quijano e Fernando Coronil. Os temas discutidos são sobre: (a) controle da economia, autoridade, natureza e recursos, gênero, sexualidade, subjetividade e conhecimento; e (b) classificação social pela ideia de "raça", superioridade/pureza, "gênero" e "trabalho" como principais linhas de formação do capitalismo mundial.

Enfim, talvez se pudesse resumir, embora ainda em curso o movimento de descolonização no Brasil, as discussões nos seguintes paradigmas: (i) *teorias pós-coloniais* – nascidas nos autores da tríade francesa (Franz Fanon, Albert Memmi, Aimé Césaire) e da tríade sagrada (Partha Chatterjee, Dipesh Chakrabarty e Gayatri Spivak); (ii) *teorias decoloniais* – nascidas nos autores da América Latina de colonização espanhola, que aqui ficaram ou que migraram para os EUA (Edgardo Lander, Arthuro Escobar, Walter Mignolo, Enrique Dussel, Aníbal Quijano, Santiago Castro-Gómez, Nelson Maldonado Torres, Ramón Grosfoguel, Fernando Coronil entre outros); e (iii) *teorias descoloniais* – nascidas no Brasil, por autores da Literatura, História e Ciências Sociais, nos últimos quinze anos, mas que agora começa a ganhar fôlego no âmbito jurídico (geral: Sueli Carneiro, Lelia González, Susana Castro, Juliana Borges, Luciana Ballestrin, Suely Aldir Masseder, e no direito, Fernanda Bragato, uma das pioneiras, Thula Rafaela de Oliveira Pires, Ana Luiza Pinheiro Flauzina, Camilla de Magalhaes Gomes, Clara Maria Roman Borges, Bernard Constantino Ribeiro, Luis Fernando Pereira, Silvio Luiz de Almeida, Roger Raupp Rios etc.).

Obviamente há hoje grupos independentes, autoras e autores independentes, que já apresentavam críticas ao movimento, ou porque mostraram críticas próprias, como as pioneiras Maria Lugones, Yuderkys

Espinoza Mimoso, Ochy Curiel, Oyèronké Oyěwùmí, Marnia Lazreg etc. Também nesta linhagem, Achille Mbembe. De qualquer forma, são autoras e autores que procuram discutir problemas de gênero e de raça, mas marcados por uma realidade bastante distinta da Brasileira, razão pela qual não poderiam ser facilmente encaixados nas *teorias descoloniais*.

Os autores de base do Grupo M/C apresentaram questões absolutamente necessárias de alcançarem o direito hoje. Nelson Maldonado-Torres[55], em 2005, cria o termo *giro decolonial* justamente para mostrar como o movimento se colocava como um lugar de resistência teórico e prático, político e epistemológico, em suma, um "pensamento fronteiriço" (Walter Mignolo). A ideia seria a necessidade dos autores da América Latina promover uma série de ações: desprendimento, abertura, *delinking*, desobediência, vigilância e suspeição epistêmicas como estratégias para decolonização.[56] Por isso, a ideia destes autores seria mostrar como aquelas variáveis acima mencionadas (gênero, raça, trabalho etc.)[57], ordenam as relações de exploração/dominação/conflito. Destacam, por exemplo, a raça como categoria mental da modernidade e instrumento artificial de justificação da "práxis irracional da violência". A modernidade seria então apenas um mito que ocultaria a colonialidade. Um mito em que a civilização moderna se descreve como mais desenvolvida e superior, criando a distinção entre primitivos, bárbaros, rudes, sem escrita, sem democracia, sem moralidade.

A questão é que este processo alcança o saber, e passa a existir uma geopolítica do conhecimento. Maldonado Torres sustenta que a noção de "violência epistêmica foucaultiana" é insuficiente diante do "racismo epistêmico" ou "negação da alteridade epistêmica". Foucault não teria

[55] MALDONADO-TORRES, Nelson. *La decolonización y el giro des-colonial.* Tábula Rasa, v.2, n.9, p. 61-72, 2008.

[56] MIGNOLO, Walter. *Delinking: The rhetoric of modernity, the logic of coloniality and the grammar of decoloniality.* Cultural Studies, v. 2, n. 21, p. 449-514, mar. 2007. Nesse sentido, ver também: BARKER, Joane. *Decolonizing the mind.* In.: Rethinking Marxism, n. 2, v. 30, p. 208-231, nov. 2018.; BARTHOLOMEW, Jake. M. *Decoloniality and decolonizing critical theory.* In.: Constellations, p. 1-12, 2018.

[57] Para uma compreensão clara da originalidade das variáveis no pensamento descolonial: SEGATO, Rita. *Crítica da colonialidade em oito ensaios.* (trad. Danú Gontijo e Danielli Jatobá). Rio de Janeiro: Bazar do Tempo, 2021, p. 43-83 (*Aníbal Quijano e a perspectiva da colonialidade*).

conseguido relacionar eurocentrismo e colonialismo. (diferença colonial epistêmica)[58]. A *hibris* do ponto zero, como salientara Santiago Castro-Gómez[59] manifesta como o ponto de partida de observação, supostamente neutro e absoluto, no qual a linguagem científica desde o iluminismo assume-se como a mais perfeita de todas as linguagens humanas e reflete a mais pura estrutura universal da razão, nada mais seria do que um engodo, uma autodefesa, porque logicamente o ponto zero é eurocentrado. É necessário um movimento de descobrimento e revalorização das teorias e epistemologias do sul. Não é um novo paradigma, a possibilidade do surgimento de "paradigmas outros", ciente de que a modernidade é um projeto inacabado para Habermas, mas para o grupo a descolonização também é.

Em termos jurídicos, pensando numa descolonização do direito e da teoria do direito brasileiro, é necessário, então, realizar um *giro descolonial jurídico*, uma verdadeira *superação jusepistêmica eurocêntrica*, na linha da crítica às ciências sociais operada por Walter Mignolo, Arturo Escobar, Juan Soler etc.[60] Dentre tantos "inconvenientes" oriundos do colonialismo jurídico, que não é peculiaridade brasileira,[61] a colonialidade do "saber jurídico" foi um dos mais severos, porque não restrito apenas

[58] Aqui um ponto de distinção entre autores pós-coloniais e descoloniais, conforme Walter Mignolo, já que aqueles estariam muito marcados pelo pensamento estruturalista francês. MIGNOLO, Walter. *El pensamiento decolonial: desprendimiento y apertura. Un manifiesto.* In: CASTRO-GÓMEZ, S. e GROSFOGUEL, R. El giro decolonial: reflexiones para una diversidad epistémica más allá del capitalismo global. Bogotá: Siglo del Hombre Editores, p. 25-57, 2007.

[59] CASTRO-GÓMEZ, Santiago. *La hybris del punto cero: ciencia, razón e ilustración en la nueva granada (1750-1816).* Bogotá: Pontificia Universidad Javeriana, 2005, p. 20-61.

[60] ESCOBAR, Arturo. *Mundos y conhecimientos de outro mundo – O programa de investigación de modernidade/colonialidad latinoamericano.* Revista Tabula Rasa, n.4, p. 50-161, 2003.; MIGNOLO, Walter. *Desobediência epistêmica: a opção descolonial e o significado de identidade em política.* Cadernos de Letras da UFF, Dossiê: literatura, língua e identidade, n.34, p.287-324, 2008.; SOLER, Juan Carlos Vargas. *La perspectiva decolonial y sus posibles contribuciones a La construcción de Otra economía.* Otra Economía, v.3, n.4, p.46-65, 2009.; CASTRO-GÓMEZ, Santiago. *Ciências sociais, violência epistêmica e o problema da 'invenção do outro'.* In.: A colonialidade do saber: eurocentrismo e ciências sociais e perspectivas latino-americanas (org. Edgardo Lander) Colección Sur Sur, CLACSO, Buenos Aires, p. 80-87, 2005.

[61] ROULAND, Norbert. *Anthropologie juridique.* Paris: PUF, 1988. (especificamente *Deuxième Partie – Penser la diversité: l'anthropologie juridique des sociétés traditionnelles – Chapitre 4 L'acculturation juridique*).

à questão epistêmica, pois alcançou extratos subjetivos e de conformação da sociedade brasileira. Todo um conjunto de conhecimentos foram criados para satisfazer as necessidades cognitivas do capitalismo: medição, quantificação, externalização do conhecível. Um conhecimento dito racional a serviço do capitalismo foi imposto como única racionalidade válida e símbolo da modernidade. Por isso, o eurocentrismo então não é apenas a perspectiva cognitiva dos europeus, mas também dos educados sob a sua hegemonia, a hegemonia da cultura eurocêntrica. Edgard Lander[62] sustenta que o caráter universal e natural da sociedade capitalista-liberal só foi permitido porque um conjunto de saberes (ciências sociais) inventado serviu a isso, com suas pretensões de objetividade e neutralidade dos instrumentos de naturalização e legitimação dessa ordem social. Criou-se, assim, nas ciências sociais, mas em continuidade no direito um "pensamento jurídico uniforme, universal e metafísico".

É necessário promover um olhar atento ao direito brasileiro e perceber até que ponto ele está preparado para lidar com as questões que são peculiares de nossa realidade, quer dizer, até que ponto institutos, instituições, raciocínios, procedimentos, garantias legalmente protegidas, personalidades processuais, subjetividade jurídica, manifestações processuais, modelos probatórios, formas de organização da sociedade/comunidade, modos juridicamente protegidos de sobrevivência, de manifestação artística, cultural, enfim, existencial, estão ou não aptos a cuidar das questões brasileiras. Eis aqui onde se insere o *giro descolonial do direito brasileiro*. Nossa episteme processual, por exemplo, estaria ela preparada para lidar com o modo de ser, de agir, de viver tipicamente brasileiros? A legitimidade processual formal dá conta de famílias informais, ocupações de terras que já vem de gerações, de famílias que jamais conseguiram ter condições mínimas de conhecimento ou recursos para abrir um inventário? Como compatibilizar um instituto que beira ao esoterismo como o da "ausência", num país de traços patriarcais em que os homens irresponsáveis, e inconsequentes com as mães, abandonam seus filhos? Por que institutos como a "adoção" encontra tanto desconforto jurídico, quando a formalidade implica num cadastro de adoção

[62] LANDER, Edgardo. *Ciências sociais: saberes coloniais e eurocêntricos*. In,: A colonialidade do saber: eurocentrismo e ciências sociais e perspectivas latino-americanas (org. Edgardo Lander) Colección Sur Sur, CLACSO, Buenos Aires, p. 8-23, 2005.

cujo número de adotantes superar em vezes o número de crianças disponíveis para serem adotadas? Por que o reconhecimento do direito ao tempo de trabalho rural efetivado enquanto criança para fins previdenciários encontra barreiras formais na proibição do trabalho infantil? Enfim, por que ainda somos herdeiros da supremacia de um juiz que, com exclusividade, detém competência e jurisdição? Isto sempre foi dito como uma garantia processual, e, de fato, não há quem democraticamente duvide disto. Mas será que deveria ser sempre, em todos os momentos, assim? O velho princípio do *iura novit curia* não deveria ser posto à prova? Ou ao menos passado em revista?

4. O "*MOVIMENTO DE*": REFLEXÕES DESCONSTRUTIVISTAS NA TEORIA DO DIREITO

Eis aqui o lugar em que seria necessário promover algo que se poderia denominar de *movimento DE*, qual seja: é chegado o momento de, diante das constatações de insuficiência epistêmica da ciência jurídica brasileira para lidar com seu amálgama cultural, promover uma série "*de's*" e todo o potencial crítico que traz consigo em sua gênese linguística. É chegado o momento de:

(i) *desterritorializar* o saber jurídico, sem dúvida, parece ser o primeiro pressuposto, pois o processo de descolonização implica supor que os saberes aqui produzidos não se encontram em estágio cognitivo inferior aos saberes eurocêntricos ou norte-americanos. O que existe é um eclipse, talvez se pudesse dizer um auto-eclipse produzido em relação à capacidade de criação, sintetização, teorização, sistematização feito por intelectuais brasileiros e juristas nacionais. A capacidade de autodepreciação, que impede a própria produção de saberes jurídicos nacionais, decorre de uma inferiorização estrutural aqui operada e que não diz respeito, obviamente, a uma incapacidade congênita, genética ou ética (ainda sofremos com o mito do bom selvagem ou da "preguiça" inerente aos trópicos, como quiseram os antropólogos evolucionistas do séc. XIX). A produção de institutos jurídicos pátrios, por autores pátrios é necessária, ao mesmo tempo que a própria valorização interna desta criação pressupõe ser aqui difundida. É chegado o momento de superar o mito de involução que nos compete juridicamente, imaginando que nenhuma teoria, nenhum conceito jurídico, nenhuma grande abstração podem ser aqui produzidos, se não apenas reproduzidos, com o glamour que o saber jurídico estrangeiro alcança no âmbito acadêmico e nos tribunais.[63]

(ii) *desvendar* tradições existentes, histórias bem contadas e sedimentadas no imaginário, no subconsciente coletivo, na mentalidade dos juristas, e no reservatório de sentidos do domínio jurídico brasileiro, como se fossem heranças inevitáveis e contínuas, mas que no fundo aqui foram "inventadas" pela ciência jurídica europeia como se extensão fosse de um saber maior, mais evoluído e incapaz de ser substituído por autores fora do Norte Global;

(iii) *desconstruir* institutos absolutamente estranhos, do modo como se encontram, à realidade brasileira, como acima mencionado, da adoção, da delação premiada, da licença-maternidade ter prazo superior à licença-paternidade, da pensão por morte recentemente revista, da ausência, da legitimidade processual, da progressão de regime incalculável e complexa para o apenado pela recente alteração operada pelo pacote anticrime, a impossibilidade da adoção por casais múltiplos, do não reconhecimento do trabalho rural para a criança que efetivamente o realizou, da obrigatoriedade de autorização marital para uso de práticas anticonceptivas por um dos cônjuges etc;

(iv) *desmistificar* naturalizações epistêmicas, na linha outrora evidenciada por Warat, de sentidos que foram historicamente construídos no país, com evidente origem e carga eurocêntrica, mas sobre os quais nunca houve questionamento, como se naturalmente fossem e devessem ter sido como o são, tal como recentemente foi, por exemplo, a revisão da jurisprudência nos casos de estupro, quando ainda inexistente o delito de importunação sexual, ou mais recente ainda da violência psicológica contra mulheres; ou, mesmo, da carga natural que existe em torno da distinção entre injúria racial e racismo, como se a justificativa real e efetivamente tivesse contornos claro, quando no fundo

[63] Na linha do que propusera já nos anos 90 Homi Bhabha. BHABHA, Homi K. *The location of culture*. London: Routledge, 1994.

deixa transparecer o interesse em evitar que a elite fosse realmente encarcerada pela inafiançabilidade e imprescritibilidade;

(v) *descobrir* formas e pensamentos ignorados pela legislação e pela jurisprudência, porque silenciados pela matriz eurocêntrica. E aqui certamente não haveria como se elencar desde logo, porque talvez um dos momentos de reflexão mais importantes da descolonização do direito e da teoria do direito brasileiro. Para se descobrir, então pelo filtro descolonial, deve-se vasculhar, como um arqueólogo, as camadas sedimentadas de preconceito, submissão, sentimento de inferioridade que recaíram sobre os juristas brasileiros de pensarem por si mesmos, de investigarem temas próprios, de construírem teorias oportunas e mais condizentes com os nossos anseios;

(vi) *destravar* maneiras criativas de lidar com a moralidade, à medida que a matriz de uma única moral possível, presente do direito positivo, e de matriz kantiana, ou mesmo cristã, impediram novas possibilidades existenciais. Famílias brasileiras, muitas vezes, acabaram por ser ainda mais conservadoras no âmbito moral, e mais investidas de tabus do que a própria sociedade europeia. E isso não precisa de grandes reflexões, pois fez parte do próprio projeto colonial, que intensificou nas colônias o modo de ser conservador que sequer consegue se manter mais na metrópole diante dos avanços culturais e econômicos que experimentaram, mas que aqui poderiam ser reproduzidos e serviriam à alienação e a impedir questionamentos da condição subalterna;

(vii) *desmarginalizar* subjetividades, permitindo que expressões subjetivas brasileiras possam sair de sua condição de invisibilidade e de tuteladas e passem realmente à condição de dignidade, tal qual previsto no texto constitucional. Que expressões existenciais como lésbicas, gays, bissexuais, transgêneros e travestis, queer, intersexuais, assexuais, pansexuais etc., assim como povos autóctones, minorias étnicas e sociais, populações tradicionais, historicamente marginalizadas e subalternizadas o deixem de ser, e encontrem pleno estatuto de igualdade e reconhecimento, sem passar desde os constrangimentos mais simples, como ausência de opções em formulários de instituições públicas, tratamento adequado por funcionários públicos, quanto mais sérias, como restrições à adoção conjunta, a garantia de emprego, o pleno acesso a cargos públicos com políticas inclusivas etc.;

(viii) *desestruturar o direito oficial brasileiro* impingindo críticas capazes de demonstrar o quão os institutos e as personalidades jurídicas, como juízes, promotores, advogados, defensores, delegados etc., mantêm-se muito mais fiéis ao paradigma teórico, doutrinário e formal de origem estrangeira do que à própria realidade brasileira. Se no seio da teoria crítica dos anos 80/90 havia a ideia de "resistência", da confluência das ideias marxistas e foucaultianas, seguramente agora uma nova ideia surge, que é a do "acolhimento" de novas demandas, de manifestações existências diversas, de emoções e sentimentos subalternizados. É necessário fraturar a ossatura do ordenamento jurídico brasileiro, fragilizando-o, para que possa, uma vez exposto, ser revisitado e questionado, longe dos dogmas edificantes do sistema positivo, ao qual ainda estamos um tanto apegados, em razão da segurança, certeza, previsibilidade de condutas etc.

(ix) *descomparar* as experiências jurídicas internas – uma vez ciente de que o direito oficial é marcadamente desconexo com a realidade cultural e histórica brasileira, evitando-se ainda mais a importação quase não refletida de institutos que usualmente tem sido feita, como delação premiada, técnica de negociação *plea bargain* etc., parece ser oportuno que se passe em atento quaisquer estrangeirismos e mesmo institutos materiais e processuais já existentes em perspectiva descomparativista com esta realidade, ou, melhor, este direito inoficial que aqui existe está a todo instante num processo de desconfirmação e desautorização da normatividade tradicional. Seguir a lógica descomparativista é retirar do direito oficial aquilo que está nele supostamente implícito ou às vezes claramente excluído, que são as demais experiências jurídicas existentes na realidade brasileira, mas ignoradas, como a experiência jurídica guarani,[64] experiência jurídica quilombola, experiência jurídica caiçara (evitando, desde logo, a própria expressão direito).

[64] Filho, Carlos Frederico Marés de Souza. *O renascer dos povos indígenas para o direito.* Curitiba: Juruá, 1998, p. 78 e 79, sobretudo.

(x) '*deprocessualizar*' o processo civil e penal nacionais, muito além dos movimentos de desjudicialização que já vêm ocorrendo pela mediação, arbitragem, conciliação etc., embora estes já sejam fundamentais. É necessário pensar em algo novo, em algo próprio, em algo capaz de lidar com questões que, aparentemente comuns a norte-americanos ou europeus, guardam peculiaridades próprias de se ser brasileiro. Talvez seja necessário repensar a supremacia da jurisdição, como garantia constitucional inquestionável (por mais estranho que isso possa parecer a um garantista); ou questionar a pluralidade de ritos processuais (por mais estranho que isso possa igualmente parecer, para quem entende que celeridade, redução de custos, simplicidade adequada à matéria importe para efetivação de direito), etc.[65]

Enfim, o *movimento DE*, com toda a carga de uma perspectiva política acadêmica, naturalmente, envolve antes uma postura individual, antes um modo de ser diante da ordem jurídica nacional e das teorias aqui disseminadas, ensinadas, sustentadas em juízo, formuladas no âmbito legislativo. É uma disposição do pensamento, das decisões, das ações acadêmicas com vista à desconstrução do paradigma epistêmico estrangeiro aqui presente de formas várias e a possibilidade de um novo campo de reflexões.

[65] É preciso seguir experiências como a do médico Dixon Chibanda, diretor da Iniciativa Africana de Pesquisa sobre Saúde Mental e professor de psiquiatria da Universidade do Zimbábue e da *London School of Hygiene and Tropical Medicine*, que se deparou com o número elevado de casos de pessoas com depressão, mas ao mesmo tempo número reduzido de psiquiatras para ajudar. Então, aproveitando a maturidade e a "sabedoria", e ao mesmo tempo o imenso respeito que as mulheres mais velhas gozam na sociedade do Zimbábue, criou em 2017 como um programa, o Banco da Amizade, constituído por "avós mulheres" que, uma vez treinadas, passaram a atuar nestes casos, auxiliando pessoas em depressão, e o resultado foi positivo. Ver em: https://www.bbc.com/future/article/20181015-how-one-bench-and-a-team-of-grandmothers-can-beat-depression.

5. O "*FILTRO DESCOLONIAL*": DA FILTRAGEM CONSTITUCIONAL À FILTRAGEM DESCOLONIAL

Um dos mecanismos, que aqui se sugere enquanto tese, para efetivar este deslocamento epistêmico do *movimento DE*, poderia ser o *filtro descolonial*. Este filtro é o instrumento que implica, como o próprio nome sugere, uma forma de revisão de todos os institutos, instituições, racionalidades, formas, cláusulas legais etc. existentes no direito brasileiro de acordo com as variáveis balizadoras de um processo de descolonização da episteme jurídica eurocêntrica aqui existentes. Seja em sala de aula, pelo professor de direito e demais que ensinam seus acadêmicos sobre o *direito oficial brasileiro*, ou mesmo a "teoria oficial", seja pelos operados do direito nas suas manifestações processuais, seja pelos legisladores, enfim, todos aqueles que se deparam com as questões jurídicas precisam refletir se, de fato, as respostas existentes, o modo como as categorias formalizadas, as formas de solução de conflitos estão e são realmente atentas às peculiaridades brasileiras. Não seriam apenas naturalizações epistêmicas, tradições não questionadas, construções intelectuais pensadas de fora para dentro? Filtrar é isto: passar na peneira tudo o que há de jurídico (ideias, práticas, instituições, institutos etc.) no Brasil para identificar o estrangeirismo forçado ou inconsciente existente, mas que, no fundo, não dá conta da complexa e ampla realidade cultural brasileira. É, portanto, um movimento de consciência e resistência.

Ao se deparar com uma situação da vida concreta, mas que não parece ser adequadamente tratada pelo *direito oficial* ou mesmo pela teoria do direito de matriz eurocêntrica, o *jurista descolonizador* (que não se restringe obviamente aqui ao conceito tradicional de jurista, mas num sentido mais amplo, como todos aqueles que se questionam sobre questões jurídicas), deve se questionar se esta desconformidade do instituto, por exemplo, com a vida aqui, não é justamente por ser produto de um olhar estrangeiro. Pensemos, por exemplo, na delação premiada e todas as suas agruras no direito brasileiro. Por que tantos desconfortos em relação a ela? Para além de inúmeras explicações possíveis, não seria porque justamente se trata de um instituto, quase empurrado à força no ordenamento jurídico brasileiro, que seria incompatível com a forma de vida do brasileiro, como o modo como é educado desde casa para ser leal com seus irmãos ou amigos ao invés de dizer a verdade? Em suma, não há uma resposta segura e muito menos certa, mas o que é certo é: não é algo simples, não se trata da mesma realidade antropológica de uma vida vigente em sua fonte norte-americana. E assim por diante... isto é a filtragem descolonial operada passo a passo. Como faziam os autores da teoria crítica do direito nos anos 80/90 ao indagar os institutos que existiam e reproduziam a manutenção das relações de exploração e exclusão, ou mesmo a ausência deles, talvez neste desdobramento atual da teoria crítica do direito pela teoria descolonial, parece ser outra ordem de questões, mas com o mesmo propósito: será que os institutos, racionalidade etc. estão atentos à manutenção das exclusões operadas fora de um olhar apenas capitalista, mas voltado a outros patamares de invisibilidade como raça, gênero, etnia, orientação sexual etc.?

Neste sentido, em termos de *'deprocessualizar'* o processo civil e penal brasileiros acima mencionado, de *descolonizar* o direito brasileiro, e, logo, operar um *filtro descolonial*, haveria de se repensar o princípio do *iura novit curia*. Convém avançar aqui neste tema, como uma tentativa de esboçar, por exemplo, como este princípio do *iura novit curia* e os institutos processuais brasileiros haveriam de passar por uma reflexão descolonial. Por que nossa jurisprudência ainda não vivenciou o que a doutrina criminal já com certo tempo denominou de delitos culturalmente motivados? Por que ainda se ignora o potencial cultural e o substrato cultural como motivador de atos, condutas, formas de manifestação e apenas se subsumem às condutas em categorias abstratas e hipotéticas formuladas à esteira europeia dos tipos penais, mas que, embora formalmente previstas, nada condizem com a realidade brasileira. Eis aqui um lugar fundamental para se operar o "*filtro descolonial*".

Os sistemas jurídicos ocidentais de *civil law* no campo criminal, como hoje se apresentam, foram elaborados há cerca de dois séculos, e nisso não há nenhuma novidade teórica, obviamente. Com algumas nuances, e alguns descompassos entre os países europeus (cujos ecos se fizeram sentir no Sul Global por força dos processos colonizadores), os ordenamentos jurídicos criminais, seja em termos materiais, sejam processuais, foram se construindo dentro de um contexto muito específico das sociedades burguesas, industriais, patriarcais, católicas, urbanas, patrimoniais, e, sobretudo, soberanas na passagem do séc. XVIII para o séc. XIX. Todo o projeto codificador nascido pós-revoluções burguesas foi sendo edificado à medida que o positivismo jurídico ganhava fôlego com suas principais escolas: escola histórica do direito, exegética, jurisprudência dos conceitos etc. Não há dúvidas entre os historiadores do direito criminal que o modelo penal moderno ganhou estofo justamente neste contexto histórico dos nacionalismos, ascensão do capitalismo e maturação criminológica burguesa do séc. XIX.

A necessidade de se costurar povo, território, poder e com isso fortalecer os Estados-Nação então recentemente enraizados, viu nos modelos codificadores um projeto interessante, uma resposta única e segura para os problemas sociais eventualmente existentes, à medida que a previsibilidade das respostas, a realização das expectativas, a superação de inseguranças etc. eram suplantadas por uma legislação coesa e pouca liberdade judicial.

Se os regimes jurídicos materiais iam criando toda uma costura institucional e formal desta sociedade complexa então nascente, por outro lado, os regimes processuais eram elaborados para lidar com conflitos jurisdicionais muito peculiares nos âmbitos domésticos, ou seja, com conflitos intersubjetivos, com certa similitude e repetição de demandas individuais, quase sempre envolvendo pessoas de mesma origem geográfica, étnica, cor, raça, gênero (à época em virtude da exclusividade dos direitos serem patriarcais) e obviamente de mesma orientação sexual (em razão da pouca oportunidade de exposição diversa). Embora complexo se comparado aos problemas das sociedades predecessoras, certamente mais limitados e restritos o eram em relação aos atuais. A subjetividade jurídica para a qual todos os institutos foram elaborados, substantivos e processuais, naturalmente era simples, ou ao menos, artificialmente simples em torno do "sujeito de direito" heterossexual, branco, homem, burguês, centrista, etc.

Se no campo do direito civil e do direito criminal, o modelo de "homem médio" servia como um centro de forças para qual o toda a moralidade da sociedade burguesa era pensada, e para o qual todos os vetores jurídicos se dirigiam a proteger, não haveria de ser diferente no âmbito processual. Seja no plano privatístico, seja criminal, os institutos processuais, os ritos processuais, a instrução probatória, os atos decisórios, a cognição judicial, o alcance da coisa julgada etc., enfim, tudo no campo processual foi igualmente pensado para lidar com problemas de ordem individual, mantendo sempre no juiz o último poder de dizer o direito, de, por "melhor" o conhecer, ser capaz de traduzir o que se entendia por jurídico para a solução das lides processuais e dos casos penais. A primazia de um modelo filosófico-jurídico kantiano, que entremeava objeto e sujeito, e por conseguinte, juiz e fato, num dualismo que titubeava entre o racionalismo e o empirismo, mas sempre nestes mesmos vetores gnoseológicos, encontrava nos sistemas processuais modernos um lugar tranquilo, bem solidificado e estruturado. Um simples olhar para os códigos processuais penais europeus continentais, assim como nos países latino-americanos, como o Brasil, bem demonstra como o mesmo ponto de vista estava presente: um olhar para os conflitos como se fossem apenas e exclusivamente conflitos uniéticos, interindividuais, e unívocos em termos hermenêuticos processuais.

Todavia, este modelo objetivamente não se manteve ileso às vicissitudes históricas do próprio correr do séc. XIX, e, sem dúvida, do conturbado e rápido séc. XX. A individualidade dos conflitos processuais do século anterior obviamente sofre seu primeiro influxo no pós-guerra, não apenas por força das mudanças constitucionais, normativas e institucionais, mas especialmente a partir dos anos setenta-oitenta com a globalização dos meios de comunicação e transporte, das transformações tecnológicas e da mundialização do capital.

Viu-se a ideia dos direitos individuais sofrerem seu primeiro abalo, diante das corporações multinacionais, do consumo de massa, da cultura de massa, dos danos globais etc. Com isso, obviamente, juristas daquele momento começaram a discutir a "coletividade" dos direitos e por consequência a necessidade de se repensar os institutos materiais e processuais existentes. Toda uma mudança operada em termos processuais passou a ocorrer: novas legitimidades processuais; novos conceitos para pressupostos processuais de conhecimento e validade; novos ritos processuais; possibilidade diversas de litisconsortes; novos poderes instrutórios dos juízes; novos modelos de decisão; novos modelos de alcance subjetivo e territorial da decisão; novos contornos dos efeitos da coisa julgadas; novos ritos de execução etc. Em suma, aquele modelo, especialmente no campo civil, estava obsoleto diante das mudanças que findavam no século passado. No campo criminal, os desafios não foram naturalmente tão simples também, diante dos crimes tributários, financeiros, como corrupção, lavagem de capitais etc. Para tudo, igualmente novos procedimentos criminais foram pensados, novos alcances para a cooperação judicial passaram a ser pensados etc.

No entanto, e aqui nos parece surgir algo relevante a ser discutido: nos últimos anos, talvez vinte em termos lato, talvez dez de modo mais conciso, novas mudanças na realidade se tornaram mais evidentes, como os fluxos migratórios em razão das crises econômicas e obviamente ainda produto da globalização, mas também do dar-se conta dos países do Sul Global em torno da necessidade de descolonização de suas matrizes jurídicas. Enfim, uma nova questão se pôs de modo inexorável aos ordenamentos jurídicos, qual seja, a questão "multicultural".

E aqui talvez reside o problema: estão prontos os ordenamentos jurídicos nacionais para tratar de questões culturais em juízo, e, mais precisamente, para tratar de "crimes culturalmente motivados"? O "direito oficial" tem espaços abertos, válvulas de calibração, conectores de pluralismo jurídico para dialogar com "experiências jurídicas diversas"? Os institutos, as instituições, as personagens jurídicas, o Poder Judiciário em especial, conseguem se desdobrar e recepcionar de maneira eficiente e articulada a temática cultural em juízo?

O ponto de partida, naturalmente passível de críticas, é que estas insuficiências têm sido dribladas, contornadas, sobrepujadas, mas talvez não enfrentadas de modo cristalino e objetivo. Não por outra razão, os Poderes Judiciários de diversos países têm procurado refletir o modo como os delitos culturalmente motivados, a defesa cultural, o *background* cultural podem estar presentes nos processos judiciais. As diversas formas como a cultura é vista pelos julgados estrangeiros (artefato, exotismo, relativismo, crioulização, autenticidade, etnosfera etc),[66] e as ten-

[66] Ruggiu, Ilenia. *Culture and the judiciary: the anthropologist judge*. Londres: Routledge, 2020.; ______. *Il giugice antropologo e il test cultural*. In.: Questione Giustizia, Roma, Associazione Magistratura Democratica, n.1, p. 1-22, 2017.; e ______. *The 'cultural test' as cultural expertise: evolution of a legal-anthropological tool for judges*. In.: Laws, a. 8, v. 15, p. 1-15, 2019.

tativas de sistematização e produção de manuais judiciais (como o *Equal Treatment Bench Book*)[67] para produzir uma adequado enfrentamento da questão mostram, por um lado, a importância do tema, mas por outro, o quanto a lógica do *case by case* ainda é bastante presente, e o quanto ao fim e ao cabo talvez o problema esteja em algo mais profundo: a racionalidade jurídica tradicional.

Seja o *cultural test* proposto já há alguns anos por Ilenia Ruggiu,[68] a fim de reconhecer conflitos multiculturais em juízo, evitando trivializar ou panculturalizar todos os crimes cometidos por estrangeiros ou populações não tradicionais, ou do que aqui se defende, o *filtro descolonial* com vistas a identificar os estrangeirismos que se tornam incompatíveis com o amálgama cultural de países multiculturais, tentam apontar neste caminho. No entanto, talvez seja necessário ir um passo ainda além: não seria o momento de nos aproximarmos ainda mais do saber antropológico, mesmo em juízo, deixando de ser mero "acessório" por seus laudos, para desempenhar verdadeiro fio condutor na racionalidade jurídica?

As aproximações entre a teoria do direito e a antropologia não são novas e nem surpreendentes, contudo, neste cenário do qual se está falando, esta relação se impõe de modo indefectível. Estrangeiros, migrantes e populações marginalizadas e invisibilizadas que em grande medida trazem novos e complexos conflitos para serem solucionados pelo "direito oficial" pressupõem "erotizar"[69] o direito, desestabilizar seus pilares de sustentação, soçobrar paradigmas e sensos comuns,

[67] https://www.judiciary.uk/wp-content/uploads/2021/02/Equal-Treatment-Bench-Book-February-2021-1.pdf; e hoje o próprio CNJ tem assim se movimentado. A ver-se pelos recentes Guias – Alternativas Penais, Medidas Cautelares Diversas da Prisão, Ações de Responsabilização para Homens Autores de Violências Contra as Mulheres etc., assim como os fóruns para discussão ("Eventos de Altos Estudos com Tribunais Regionais Federais em parceria com o PNUD e a Unodoc/ONU) que estão sendo realizados, dos quais tive oportunidade de participar do III Painel em Jul/21 e do IV em Ago/21) para elaborar e qualificar orientações para juízes lidarem com audiências de custódias e processos que envolvam Grupos suscetíveis a vulnerabilidades específicas: raça e etnia, questões de gênero, mulheres e migrantes")

[68] Ruggiu, Ilenia. *The 'cultural test' as cultural expertise: evolution of a legal-anthropological tool for judges*. In.: Laws, a. 8, v. 15, p. 1-15, 2019.

[69] Borges, Guilherme Roman. *O direito erotizado: por um discurso jurídico transgressional*. Curitiba: IFDDH, 2015.

desdobrar institutos e instituições, em suma, repensar criticamente se o direito processual penal, em especial, o Poder Judiciário não precisam revisitar seus pontos de origem, e, talvez, de modo mais robusto, sua máxima mais dura: *iura novita curia*". Isto quer dizer: talvez para os fatos e o "conjunto probatório" em delitos culturalmente motivados, o Poder Judiciário já esteja equipado para conhecer, e institutos e formas de atuação não lhe faltam, mas estaria ele preparado para conhecer "outra experiência jurídica", enfim, teria ele recursos processuais e institucionais para conhecer "outra experiência jurídica" já que o modelo tradicional parte do pressuposto de que o direito ela já o conhece? Mas de que direito se está falando? Tudo parece apontar para o "direito oficial"... mas e o inoficial? E os subalternos, os marginalizados como o "direito oral indígena" ou os "costumes jurídicos estrangeiros"? Como entrecruzar direitos sem que mecanismos e ferramentas existam para que os juízes possam conhecer em termos de alteridade outras experiências jurídicas?

Analisando-se o que existe positivamente no direito brasileiro, assim como nos demais ordenamentos setentrionais, seja no plano normativo, seja inclusive em perspectiva jurisprudencial, é fácil identificar o quanto ainda o direito oficial está atrelado a uma postura incompatível com a realidade sócio-cultural contemporânea. A matriz cartesiana, moderna e eurocêntrica do ordenamento jurídico, calcada ainda numa ideia de alteridade kantiana e hegeliana, não consegue dar conta em termos multiculturais e descoloniais da recepção de anseios e subjetividades que estão para além do padrão do homem médio, do homem razoável, do homem de bom senso, em suma, do sujeito de direito masculino, branco, heterossexual, urbano, monogâmico, ponderado etc. É para ele que os institutos materiais e processuais, bem como a racionalidade jurídica se destina. Salvo atuais exceções, é para este sujeito de direito muito bem definido, formal e institucionalizado que o ordenamento jurídico se volta. Subjetividades estrangeiras, marginais, subalternizadas e silenciadas historicamente não ingressam de maneira consistente no espectro de sua proteção. Não foi um sistema pensado por elas e nem para elas. É preciso pensar numa "alteridade subalterna"[70].

[70] Dussel, Enrique. *De la conquista a la colonización del mundo de la vida (Lebenswelt).* La Paz: Plural, 1994, p. 39-53.; ______. *Desde el ego europeo: el en-cubrimiento.* In.: 1492: el encubri-

Dentre tantos exemplos possíveis, e hoje os estudos já avançam neste sentido, inclusive nas dogmáticas penais, como o faz Soraia Mendes[71] no processo penal brasileiro, é possível perceber que o ordenamento jurídico se estruturou sem dar-se conta que a realidade brasileira, assim como a europeia está muito além desta percepção unitária, homogênea e tradicional da sociedade que um dia talvez tenha existido (no plano europeu), e que nunca existiu, embora formalmente sim (no plano de países periféricos), ignorando a complexidade sociocultural que existe nos países hoje. Basta um simples olhar para o direito processual penal europeu e brasileiro para perceber a ausência patente de institutos processuais que percebam e acolham esta realidade.

Passando em revista, por exemplo, o Código de Processo Penal brasileiro[72], constata-se o quanto a racionalidade que embasa a construção dos processos criminais não está preparado para uma realidade multicultural e plurinacional, seja no Brasil, mas também se poderia arriscar dizer, por outras razões que aqui não são relevantes de serem exploradas, pelos sistemas processuais europeus (que hoje também sofrem de sua incapacidade epistêmica nestes delitos, porque igualmente preparados apenas para uma realidade homogênea e não pluricultural oriunda dos recentes processos migratórios). Quando se examinam os dispositivos a respeito dos poderes instrutórios do juiz, pode-se perceber que os espaços concedidos aos juízes nos processos criminais são basicamente com fins probatórios, e, portanto, destinados à cognição dos fatos e a sua comprovação em juízo. Analisando-se a cláusula geral do art. 156 do CPP brasileiro, verifica-se que a função por excelência do juiz está muito

miento del otro: hacia el origen del mito de la modernidade. La Paz: Plural, 1994, p. 11.22.; ______. *Eurocentrism*. In.: The invention of the Americas: eclipse of 'the other' and the myth of modernity. New York: Continuum, 1995, p. 18-26.; ______. *Europa, modernidade e eurocentrismo*. In.: A colonialidade do saber: eurocentrismo e ciências sociais e perspectivas latino-americanas (org. Edgardo Lander) Colección Sur Sur, CLACSO, Buenos Aires, p. 24-32, 2005.; ______. Transmodernidad e interculturalidad: una interpretación desde la filosofía de la liberación. In.: Asociación de Filosofia y Liberación AFYL, Mexico, p. 1-28, 2005.

[71] MENDES, Soraia da Rosa. *Processo penal feminista*. São Paulo: Atlas, 2020.

[72] A título de referência sobre o caráter dispositivo, porém inquisitorial de modo acessório no processo penal europeu e latino-americano, o art. 81-1 do *Code de Procédure Pénale* francês; o art. 326 a 333, 406 da LECriminal espanhola etc.; o art. 190 com a exceção do art. 507, 1 do CPP italiano etc.

além da atividade de julgar, determinar medidas assecuratórias, aceitar diligências requeridas ou coordenar trabalhos em audiências. Talvez seja arriscado afirmar, mas os poderes instrutórios do juiz, justo aquele que deu e ainda dá tanta discussão, parece ser o cerne de seu lugar nos processos criminais.

Tomando ordenamento jurídico penal brasileiro, porque fruto de uma confluência dos modelos europeus que nele se resumem, expressão viva do *colonialismo jurídico* contra o qual aqui se está a insurgir, é possível evidenciar a insuficiência normativa da racionalidade tradicional diante dos delitos culturalmente motivados. O art. 156, com o acréscimo de dois incisos há uma década, permitiu a produção antecipada de provas, assim como a atuação de ofício do magistrado para a realização de diligências em qualquer fase do processo. Cumpre-lhe o poder de ordenar por sua própria motivação, inclusive antes mesmo da triangulação da relação processual, a produção de provas e controlar o curso da instrução processual, bem como realizar diligências que entender necessárias. Outros artigos também lhe vão configurando um lugar específico, de autoridade e sempre com vistas à sua cognição do fato (art. 5, II; art. 28, art. 225, art. 366 etc.) Mesmo a recente figura, ainda não institucionalizada, do juiz das garantias pela L. 13.964/19 não lhe retira o mesmo papel cognitivo factual.

Quando muito, por permissão do art. 3º do CPP, que garante a aplicação analógica do CPC, é que se percebe que pode haver uma "inspeção judicial", nos termos do art. 481. É neste único momento em que o juiz está também autorizado a sair de seu gabinete no processo penal brasileiro e ir a campo. No entanto, os contornos da "inspeção judicial" são bastante claros. O juiz, provocado ou por vontade própria, a qualquer momento do processo, pode inspecionar "pessoas ou coisas", mas com um fim específico: "esclarecer sobre o fato que interesse à decisão da causa". Em suma, trata-se de instrumento de cognição processual a respeito de "fatos", dirigidos a pessoas ou coisas, mas não a conhecer realidades jurídicas, experiências jurídicas não hegemônicas.

Embora muito distantes do modelo das *institutas* romanas, fato é que a importação de matriz europeia deste modelo no Brasil, ainda guarda as marcas de que o juiz já teria consigo o conhecimento do direito, cabendo-lhe apenas institutos processuais para conhecer dos fatos, na velha máxima do *iura novit cúria* ou *narra mihi factum, dabo tibi ius*. E se esta é a lógica sistêmica, então certamente se está a falar de um conhecimento prévio que o juiz há de ter do "direito oficial". Por isso não há institutos processuais destinados ao Poder Judiciário conhecer mais ou melhor o direito, e sempre conhecer mais e melhor os fatos, para reconstruir no que for possível o passado e assegurar o adequado enquadramento típico e a afirmação e confirmação da coercitividade normativa.

Isto cumpre "bem", em princípio, quando o propósito é conhecer o direito oficial, o ordenamento jurídico brasileiro e as decisões já consagradas pelos tribunais afora no país. Mas e quando se está diante de outra cultura, de uma cultura em grande parte silenciada e subalternizada, às vezes minoritária, de que o magistrado não conhece, mas que deveria conhecer para compreender, em termos pluralistas, que outras experiências jurídicas existem e podem conviver com a formal? Como conhecer "experiências jurídicas diversas", se o sistema processual penal não lhe permite conhecer (porque pensado e entabulado para uma realidade unívoca), ou, pior, quem dirá sair de seu gabinete, ir a campo, e perceber que, sobretudo em crimes culturalmente motivados, a cultura de origem do autor do fato tem também outra "cultura jurídica"?

6. A "ESCUTA ÉTNICA", A "ETNOJUSGRAFIA/LOGIA" E O "DESCOMPARATIVISMO JURÍDICO DOMÉSTICO"

Enfim, é diante dessa insuficiência processual penal brasileira, que no máximo permite inspecionar pessoas e coisas para "esclarecer fatos", que se entende, que outro instituto processual deve existir, mais próximo do mundo contemporâneo, e mais apto a perceber que a complexidade cultural brasileira não se comporta dentro de um modelo exclusivo e costurado por princípios uniformes e singulares de sociedades homogêneas em suas características, em seus anseios, e em seus confrontos intersubjetivos, como o instituto da *escuta étnica*, já realizado e sugerido em momento oportuno.[73]

Evidentemente não se ignora o fato de que as atividades de conhecer o direito ou a experiência jurídica diversa e a realidade fática (que eventualmente tenha efeitos probatórios) não podem ser plenamente separadas. Ainda que o magistrado não faça perguntas dirigidas sobre os fatos, mas apenas sobre a "experiência jurídica marginal", é fato que a escolha das perguntas de algum modo estará guiada pelo caso penal posto em juízo. A pré-compreensão do magistrado o empurra a fazer perguntas de certo modo, ou em alguma medida, vinculadas ao fato. Compreender é um processo histórico-efetual muito além de uma objetividade na visão gadameriana, pois não se autoexclui na compreensão. O intérprete se inclui neste processo, de modo que compreender não

[73] Borges, G. R.; Freitas, A. E. de C. *Écoute ethnique procédurale: refléter la nécessité d'un nouvel institut procédural pour les crimes à motivation culturelle.* submetido em 2023 à Revue Droit et Société, fruto da apresentação de ideias em agosto de 2021 no LAE – Laboratório de Arqueologia e Etnologia da UFRGS).

é apenas a reconstrução exata de um texto, de um fato ou das intenções de um autor, mas de si mesmo no processo de interpretação. Tem-se aí o que chama de *fusão de horizontes*. Por consequência, interpretar e compreender não são processos distintos, sendo necessário superar a tradição hermenêutica que cindia compreensão (*subtilitas intelligendi*) – interpretação (*subtilitas explicandi*) – aplicação (*subtilitas applicandi*). Tudo ocorre na *applicatio*, num único momento.[74]

A percepção é de que não se reproduzem sentidos, pois compreender é aplicar. A facticidade se projeta ao intérprete que interpreta a partir de seu mundo vivido. Naturalmente, a compreensão pressupõe um projeto prévio, pois se lê um texto, a fala de alguém ou mesmo a realidade com expectativas de antemão, com um sentido todo, que apenas sofre mudanças e revisões constantes à medida que se aprofunda a leitura. Portanto, ainda que o magistrado não queria, as perguntas são guiadas por isso, e, logo, pelo caso em concreto. Há, portanto, uma construção do sentido a partir de si mesmo: "Ser que pode ser compreendido é linguagem". Logo, a linguagem é "processo de generalização", um *medium* que se realiza na compreensão. Evidentemente, antes do pensar crítico, filosófico, o mundo já sempre se apresenta numa interpretação feita pela linguagem, não propriamente numa interpretação correta, mas numa interpretação que se acomoda à situação hermenêutica a que pertence. Assim, o lugar do intérprete é decisivo a configurar a compreensão linguística do "verdadeiro" sentido.

A consequência disso para a hermenêutica jurídica é que o processo de interpretação já não é, pós-fenomenologia e círculo hermenêutico,

[74] "O problema hermenêutico dividia-se deste modo: distinguia-se uma *subtilitas intelligendi*, a compreensão de uma *subtilitas explicandi*, a interpretação e durante o pietismo acrescenta-se como terceiro componente a *subtilitas applicandi*, a aplicação (J. J. Rambach). Estes três momentos devem caracterizar a realização da compreensão. É significativo que os três recebam o nome de *subtilitas*, isto é, que se compreendam menos como um método disponível e mais como um saber(ser) que requer uma particular finura de espírito" [*Das hermeneutische Problem gliederte sich folgendermassen: Man unterschied eine subtilitas intelligendi, das Verstehen, von einer subtilitas explicandi, dem Ausiegen, und im Pietismus fügte man dem als drittes Glied die subtilitas applicandi, das Anwenden, hinzu (Z. B. bei J. J.Rambach). Diese drei Momente sollen die Vollzugsweise des Verstehens ausmachen. Alle drei heissen bezeichnen der weise 'subtilitas', d. h. sie sind nicht so sehr als Methoden verstanden, über die man verfügt, wie als ein Können, das besondere Feinheit des Geistes verlangt"*]. (Gadamer, Hans, 1986, p. 312).

um exercício simples e lógico, mas, antes uma imbricação do intérprete de modo criativo no mundo. Nessa linha, a atividade do magistrado na "escuta étnica processual" nunca será totalmente neutra e separada de uma instrução probatória, no entanto, tem um fim primordial, majoritário, declarado publicamente e cristalino: conhecer a experiência jurídica e não os fatos do processo (os quais poderiam ser feitos por institutos que já existem, como a "inspeção judicial").

Diante desta insuficiência de institutos jurídicos, parece ser fundamental nos dias de hoje que se crie um novo instituto quando a "cultura" esteja em juízo; quando se estiver diante de delitos culturalmente motivados ou mesmo em questões cíveis que envolvam conflitos multiculturais: a *Escuta Étnica Processual*. A primeira vez que se fez isso de maneira clara e consciente foi no caso do "estupro de vulnerável" na tribo guarani de Cerco Grande na realidade brasileira.[75] Mas obviamente o instituto também pode ser pensado para crimes motivados por cosmovisões oriundas de fluxos migratórios, como os que desaguam no Poder Judiciário italiano e demais países europeus.

O conhecimento da realidade social e política guarani no Brasil, ou de estrangeiros residentes em território nacional na Europa, a dinâmica das famílias e os modos de vida da comunidade são saberes, se não exclusivo, mas certamente mais qualificados e profundos se elaborados por um expert, cujos estudos antropológicos o habilitam, especialmente com a atividade de campo e estudos etnográficos, compreender e explicar ao juízo, quando um conflito multicultural se apresenta.

No entanto, ao magistrado não basta apenas o conhecimento dos fatos e sua instrução probatória, mas sim, o conhecimento de uma possível experiência jurídica e a forma adequada e razoável de ser compreender o fato em termos jurídicos. Cabe ao Poder Judiciário a solução dos conflitos levados ao juízo, e, em razão do *non liquet*, não resta outra saída senão decidir. O tradicional em conflitos multiculturais é ignorar o contexto ou substrato cultural que está presente não apenas na motivação dos atos, quanto na própria forma de execução dos fatos. Ou seja, sem levar em conta que a conduta praticada tenha sido pensada, escolhida, decidida e executada sob o fluxo de significações completamente distintas da cultura hegemônica. E, naturalmente, para tanto, os institutos que existem, bastam.

[75] Caso narrado na apresentação deste ensaio.

Todavia, como a jurisprudência estrangeira já vem se manifestando há duas ou três décadas (ainda que não de modo sistematizado), em casos de referência,[76]que conflitos multiculturais implicam compreender que determinados atos são praticados com fundamento e base cultural; são muitas vezes práticas culturais, realizadas com evidente grau de autenticidade, sinceridade individual, identidade, integralidade e essencialidade de acordo com uma cultura minoritária ou subalternizada.[77]

Evidentemente, nestes casos, mostra-se que este substrato não pode ser ignorado, e, portanto, precisa ser conhecido pelo Poder Judiciário[78]. Para conhecê-lo, sem dúvida que o "laudo antropológico" feito pelo expert dá estofo e segurança para que o magistrado possa adentrar na experiência jurídica. No entanto, como o juiz precisa decidir, e para isso precisa subsumir ou excluir o juízo de subsunção da conduta praticada em relação ao ordenamento jurídico, não lhe basta conhecer a realidade sociocultural, é preciso algo mais específico, que apenas o conhecimento da juridicidade lhe permite acessar: a cognição de uma eventual experiência jurídica/ordenamento jurídico marginal e minoritário.

Isto implica afirmar que o magistrado, diante de um conflito multicultural, precisa, munido com o "laudo antropológico", ir além, e tentar compreender se efetivamente o ato praticado o foi não apenas fundamentado em outra realidade cultural, mas especificamente, se o foi praticado sob a égide de outra "cultura jurídica". E aqui o enlace entre a antropologia e o direito se torna evidente. O diálogo é silencioso muitas vezes, mas é necessário ser aberto, consciente e esclarecido.

O magistrado precisa imiscuir-se na função de "juiz antropólogo"[79] e, auxiliado por um antropólogo, precisa ir a campo com um fim mais específico: conhecer a "experiência jurídica" minoritária ou subalterni-

[76] Kimura case (1985, EUA), Saleem case (2006, Itália), Kassam case (2008, Itália), Pusceddu case (2006, Alemanha), Kargar case (1993, EUA), Thomas case (1992, EUA).

[77] Ruggiu, Ilenia. *Culture and the judiciary: the anthropologist judge.* London: Routledge, 2019, p. 25-26.

[78] Foblets, Marie-Caire; Vetters, Larissa. The pluralization of european societies and the role of the judiciary. In.: *Justice and Culture* (Luis Efrén Rio Vega et alli org.) Napoles, Scientifica, p. 77-98, 2020.

[79] Ruggiu, Ilenia. *Culture and the judiciary: the anthropologist judge.* Londres: Routledge, 2020.; _____. *Il giugice antropologo e il test cultural.* In.: Questione Giustizia, Roma, Associazione Magistratura Democratica, n.1, p. 1-22, 2017.

zada. Ir a campo aqui é mais restrito do que o seria para o antropólogo, pois seu propósito é mais circunscrito: conhecer o "direito não oficial".[80]

Não se trata de uma ida a campo para conhecer fatos e qualificar a instrução probatória. Embora naturalmente pudesse fazê-lo, ainda que hoje tal conduta institucional não seja tão comum. A saída do gabinete e a vistoria *in loco* é um passo importante, mas que já encontra fundamentação no ordenamento jurídico oficial, como visto acima. A "inspeção judicial" dá conta disto, e muito bem, ainda que o regramento legal seja bastante reduzido.

Mas aqui se está falando de algo diverso: é a "ida ao campo" não para conhecer fatos (provas) – "inspeção judicial", e nem para conhecer a cultura e os sistemas de significação total de uma comunidade, como rede de significações[81] – "laudo antropológico", mas para identificar a existência, bem como conhecer uma eventual experiência jurídica diversa, para que possa, ao final: subsumir o ato praticado ao ordenamento jurídico oficial (condenando, por exemplo, alguém pela prática de um ato definido como crime pela legislação penal, ainda que culturalmente motivado – que é o usual), não realizar a subsunção do ato praticado ao ordenamento jurídico oficial (absolvendo por não se tratar o fato de crime, seja pela ausência de tipicidade, antijuridicidade ou culpabilidade), ou, enfim, subsumir a conduta a outra experiência jurídica diversa/minoritária/subalterna (questão esta que, ao que se sabe, apenas foi feita até hoje no Poder Judiciário neste caso já mencionado, a partir de um juízo de "subsunção cruzada" – fato praticado sob a égide de um ordenamento formal, mas diante de um substrato/fundamento em outra).

É uma espécie atualizada de "participação observante" do juiz, que na construção de uma "etnojusgrafia" e uma "etnojuslogia" vai além dos artefatos jurídicos (como mero arquivista de um museu jurídico, um catalogador de costumes e normas que se fascina, entusiasma-se e se horroriza com o diferente), mas em perspectiva contextual e integrada

[80] Ferraz Júnior, Tercio Sampaio. *O oficial e o inoficial*. In.: Conflito de direito de propriedade: invasões urbanas (org. Joaquim de Arruda Falcão). Rio de Janeiro: Forense, p. 103-124, 1984.

[81] Geertz, Clifford. *Thick description: toward interpretive theory of culture*. New York: Basic Books, 1973.

reflete o sistema cultural da experiência minoritária em termos jurídicos inserindo as pessoas envolvidas, as suas culturas e seus atos.

No entanto, como poderia o magistrado ir a campo que não diretamente por meio da "inspeção judicial", ou indiretamente por 'seu' perito especializado no saber da Antropologia – "laudo antropológico"?

No caso de base, tive oportunidade de sugerir um instituto, que então denominei de "Escuta Étnica Processual", cuja função seria exatamente a resposta para este dilema: o magistrado saindo de seu gabinete, indo a campo, observando de modo participante, e, mediante um rol de perguntas iniciar um diálogo direto com as autoridades da cultura minoritária/subalterna, com vistas a identificar e conhecer uma eventual "experiência jurídica não hegemônica". Como foi feito no caso, a ida ao campo não poderia ser um ato de autoridade estatal, gravado com a violência que a visita *in loco* de um magistrado pode ocasionar ao chegar na comunidade. De uma maneira ou de outra, é um agente de estado, cuja simbologia de poder (e naturalmente de violência) faz parte da construção imaginária coletiva da sociedade, e, mais ainda, de uma comunidade amedrontada com a presença do homem branco.

É preciso que seja um "ato de cognição da experiência jurídica", com consequências processuais por certo, mas o máximo despido de seu caráter institucional. Para isso, volta o direito a dialogar com a Antropologia,[82] não em termos teóricos, mas em termos etnográficos. Deve esta escuta étnica, como assim entendeu o magistrado no caso em questão, realizado sob a coordenação, orientação e organização de uma antropóloga. Assim foi elaborada a *Escuta Étnica Processual*, de modo original e experimental no Brasil, no caso do estupro da mulher indígena guarani, mas que também encontra espaço nos sistemas europeus diante de fluxos migratórios. Ao magistrado cumpriu a determinação do ato e a elaboração das perguntas, tal como sugerido pelo *cultural test* que haveriam de ser feitas na visita à tribo, a fim de tentar extrair algum conhecimento sobre a "experiência jurídica guarani". No entanto, a apresentação do ato na visitação, o estabelecimento do contato, a tradução de

[82] Sobre uma análise mais detalhada e cuidadosa da *escuta étnica* como instrumento possível em processos envolvendo *delitos culturalmente motivados*, ler RUGGIU, Ilenia. *Reati culturalmente motivati in Brasile: il caso di stupro-non stupro presso gli índios Guaranì (con riflessioni sui matrimoni precoce Rom)*. In Stato, Chiese e Pluralismo Confessionale, n. 3, p. 62-86, 2022.

eventual linguagem jurídica técnica, o cuidado com a abordagem, o momento da visita, a duração do encontro, os limites de interferência comunitária, bem assim a resolução de eventuais conflitos de fala, atos, costumes e condutas deve ser de competência exclusiva do *expert* da antropologia. É o antropólogo, que conhece o saber etnográfico sobre a ida ao campo, como também já domina o saber sobre a cultura da comunidade, o responsável pela condução do ato.

Aqui, portanto, há um elemento novo em termos judiciais e novamente uma revisão do papel da Antropologia no Direito. Embora o ato seja para o conhecimento judicial da "experiência jurídica diversa", e, portanto, a ele cumpre neste momento da visita fazer as perguntas que entender adequadas para conhecê-la, a autoridade do ato deve ser do antropólogo. É ele quem detém o conhecimento etnográfico com autoridade intelectual que deve conduzir o ato com autoridade jurisdicional. Portanto um vetor que vai da Antropologia para o Direito e não do Direito para a Antropologia. É como se fosse permitido, ao antropólogo escolhido pelo magistrado por ser justamente de sua confiança, que passasse a exercer, naquele ato, a autoridade jurisdicional.

Claro que isto por si só é complexo e um universo de questões poderiam ser postas e problematizadas. Transmissão da jurisdição, de modo momentâneo, apenas para um ato, sem conteúdo decisório, tão somente de autoridade na condução dos trabalhos, mediante ato judicial e não lei prévia, específica, e anterior ao caso não permite uma aceitação tão simples nos sistemas jurídicos ocidentais, não ao menos no modo como historicamente estão configurados. Por certo que a excepcionalidade da medida pode abrir espaço para arbitrariedades, e mais certo ainda é que hoje, do modo como o ordenamento jurídico brasileiro se conforma, é ilegal em sentido estrito. No entanto, é justamente por isto que aqui se está refletindo, discutindo e sugerindo também uma mudança nos sistemas positivos: a criação da *Escuta Étnica Processual*, por lei, devidamente recepcionada pela formalidade da teoria das fontes jurídicas – ocidentais, e pelo escalonamento normativo.

Mas, uma vez criada e prevista nos ordenamentos jurídicos oficiais, a *Escuta Étnica Processual* passa a ser regrada, e esta transferência momentânea de "jurisdição de execução", talvez se pudesse assim denominar, para o Antropólogo, encontraria respaldo no direito oficial e a condução poderia ser costurada, inclusive em termos de responsabilidades institucionais do antropólogo.

Ademais, em termos descoloniais em países latino-americanos ou em tempos multiculturais nos países europeus, parece que a ruptura desta exclusividade plena da jurisdição dos magistrados em casos de jurisdição comum (que não de juizados especiais ou de autocomposição de litígios e mediação) permitindo esta transferência de condução do ato ao antropólogo encontra um lugar interessante de reflexão. Se estamos em tempos de descolonização da teoria do direito e mesmo das dogmáticas jurídicas,[83] parece que flexibilizar alguns dogmas caros ao ordenamento, especialmente quando estão vinculados historicamente à proteção e garantia de direitos individuais, como os requisitos do exercício da jurisdição e a proibição dos juízos de exceção, é um caminho necessário para revistar interferência estrangeiras, bem como insuficiências nacionais.

No caso-referência, embora tenha sido feito de modo pontual e casuístico, assim o foi feito. Depois do magistrado proceder um esboço possível do instituto da *Escuta Étnica Processual*, elaborar as perguntas no despacho, e determinar a sua realização mediante a coordenação da Antropóloga perita responsável pelo "laudo antropológico", foi ela quem conduziu o ato, ditando toda a sua realização, como acima sugerido: estabeleceu o momento de sua realização, quantas pessoas iriam à Escuta Étnica, com quais autoridades indígenas se deveria conversar e com quais mais integrantes da comunidade também, como abordar os indígenas, como tratar, como realizar a dinâmica das perguntas, até quando poderiam ser feitas, quando terminar etc. Em suma, coube à antropóloga a sua efetiva realização, a despeito das perguntas com vistas ao conhecimento da experiência jurídica guarani terem sido elaboradas e feitas no dia da visita pelo magistrado. Por consequência, neste ato, entendeu-se que o juiz deveria se submeter à coordenação do ato pela a antropóloga.

Enfim, parece ser adequado que ultrapassemos nos dias de hoje os institutos jurídicos processuais existentes, e comecemos a enfrentar verdadeiramente os conflitos multiculturais como conflitos multiculturais e não os ignorar em seu substrato cultural e os resolver como conflitos tra-

[83] BORGES, Guilherme Roman; FERRAZ JÚNIOR, Tercio Sampaio. *A superação do direito como norma: uma revisão descolonial da teoria do direito brasileiro*. São Paulo: Almedina, 2020.

dicionais e hegemônicos. Para isso, é preciso garantir a voz aos estrangeiros, subalternizados no país, aos excluídos e marginalizados historicamente para que a sua expressão cultural como um todo venha à tona, especialmente enquanto experiência jurídica. E, portanto, para este fim, parece necessário que se crie nos sistemas processuais, institutos como este da *Escuta Étnica* processual, numa forma além da mera "consulta" ou simples "produção probatória", mas com vistas ao conhecimento em nível mais alto de alteridade, de experiências jurídicas diversas, enfim, uma revisão da *iura novit curia.*

Uma notificação é necessária. A *escuta étnica*, aqui proposta como uma ferramenta útil ao *descomparativismo jurídico doméstico*, pressupõe uma concepção mais aberta de que o magistrado está em busca de uma "experiência jurídica" diversa, e não necessariamente de uma "ordem jurídica" distinta. Isto implica, também em perspectiva descolonial, abandonar a correlação inconcussa direito, estado, modernidade, eurocentrismo do *tipo ideal (Idealtype)*[84], por uma ideia mais fluida de *experiência normativa.*[85] Experiência na linha que Rafael Haddock-Lobo[86] interpreta em Derrida, não metódica, mas como travessia do real, travessia como atravessar e ser atravessado, uma passagem imbrincada, no que

[84] WEBER, Max. *Die "Objektivität" sozialwissenschaftlicher und sozialpolitischer Erkenntnis.* In.: Max Weber, Gesammelte Aufsätze zur Wissenschaftslehre. (Hrsg. Winckelmann, J.) Tübingen: J. C. Mohr-Paul Siebech, p. 146-214, 1982.

[85] Esta ideia de "experiência jurídica" está mais bem aprofundada em meus estudos doutorais na Faculdade de Filosofia de Patras/Grécia no ano de 2008, cujo resultado foi publicado no livro *O direito constitutivo: um resgate grego-clássico do do Νόμιμον ἔθος*. A substituição da ideia de *tipo ideal* por *experiência jurídica* me pareceu mais útil para compreender o fenômeno jurídico, especialmente porque os gregos clássicos não tinham uma única definição para direito, ora como uma *τέχνη* (técnica, arte do bem fazer), ora uma *πρᾶξις* (prática), uma *θεορία* (teoria), *προαίρεσι* (uma decisão debatida), ora a *δίκη* (justiça), a *ἐπιείκεια* (equidade), *διακαιοπράγμα* (a prática do justo), a *ισονομία* (isonomia), a *δικαιοσύνη* (justiça virtuosa), e de igual modo para o jurista, ora por suas pessoas específicas, o *λογογράφος* (orador), *δίκαστης* (juíz), *ρέτορ* (retórico), *νομοθήτης* (legislador), ora por todas as pessoas que estavam afeitas às normas: *νομικός* ("juristas"). Para uma análise melhor, ver: BORGES, Guilherme Roman. *O direito constitutivo: um resgate greco-clássico do Νόμιμον ἔθος*. Curitiba: IFDDH, 2015, p. 157-167.

[86] HADDOCK-LOBO, Rafael. *Caminhos, encruzilhadas, porteiras e feitiços para uma filosofia popular brasileira.* In. Comparative Cultural Studies: European and Latin American Perspective, "Miradas decoloniales a los estúdios socio-antropológicos em Cuba, América Latina y el Caribe", n. 14, p. 34, 2022.

toca a *Escuta Étnica* essencialmente, já que o juiz atravessa e é atravessado ao mesmo tempo pela cultura não-padrão.

Mas o que se entende por este *descomparativismo jurídico interno* aqui proposto? Os estudos de *direito comparado* são majoritariamente centrados no Norte Global, e, por consequência, refletem as angústias deste lugar. Ortodoxos, funcionalistas, culturalistas, críticos e mesmo pós-coloniais[87] de um modo ou de outro estão preocupados com o confronto presente entre *ordens jurídicas*. O debate se intensificou, para além da globalização, especialmente pelos fluxos migratórios e pelos confrontos deixados entre o direito das colônias e o direito das metrópoles. Alguns autores, de linhagem original, como Pierre Legrand propõe a impossibilidade do comparativismo jurídico, na expressão do autor, um *negative comparative law*,[88] de outro lado, Ralf Michaels e Lena Salaymeh sustentam uma rearticulação do direito comparado com base na teoria descolonial, nas suas palavras um *decolonial comparative law*.[89]

De modo absolutamente sintético, Pierre Legrand argumenta em seus vários textos, mas de modo mais condensado no artigo até então publicado com suas 555 teses, a inviabilidade de uma efetiva comparação entre direitos. Algumas destas teses sobressaem por sua capacidade de síntese no que aqui é relevante: nos estudos comparativistas, a lei estrangeira não precisa ser anulada, mas deve ser complementada a partir da cultura, logo, de outro lugar que não jurídico positivo apenas (44); a objetividade nunca está presente na interpretação comparativista, assim como a tradução (231/272); o comparativista jamais consegue superar seu etnocentrismo (371); qualquer tentativa de esboçar

[87] Brenda Cossman, Sherally Munshi, Veronica Corcodel, Upendra Baxi, Daniel Maldonado, Jorge Jácome, entre outros.

[88] Entre outros textos acima citados, ver Legrand, Pierre. *Negative comparative law and its theses*. In.: Journal of Comparative Law, n. 16, v. 2, p. 647-697, 2021. Pierre Legrand, em recente livro, reflete ao seu modo parte destas ideias apresentadas à livre docência, como uma perspectiva de *negative comparative law*. Ver: Legrand, Pierre. *Negative comparative law: a strong programme for weak thought*. Cambridge: Cambridge University Press, 2022, p. 439-440.

[89] Sobre o *Decolonial Comparative Law* sitiado no Max Planck de Hamburg, ver, sobretudo, Michaels, Ralf; Salaymeh, Lena. *Decolonial comparative law: a conceptual beginning*. In.: Rabels Zeitschrift für ausländisches und internationals Privatrecht, n. 86, p. 166-188, 2022.; mas também: Salaymeh, Lena. *Decolonial translation: destabilizing coloniality in secular translations of Islamic law*. In. Journal of Islamic Ethics, v. 5, p. 1-18, 2021.

o direito estrangeiro redunda em erro, e, portanto, anulável (472/475); para o comparativista jurídico o estranho não existe e nem pode ser estranho para ele, já que o direito estrangeiro posto em comparação é, no fundo, produto de sua construção, de sua interpretação (534/535); o "direito comparado negativo" é uma resposta, uma reação (548); uma rejeição à identidade, semelhança, objetividade, verdade, método, traduzibilidade (549); é, ao fim, não científico, *'nicht-wissenschaftlich'* (552). Com suas reflexões, contribuiu de certo modo para fragilizar a ossatura do direito comparado mundialmente refletido na academia, ainda que as críticas não lhe sejam poupadas.

De outro lado, grupo referência do Max Planck de Hamburgo tem proposto, de modo bastante original, um diálogo descolonial, a partir da compreensão de que, independentemente da matriz teórica, há um convencionalismo no direito comparado, que parte de algumas premissas: o direito é expressão de regras positivas; qualquer método envolve uma perspectiva nacionalista; pressuposição de homogeneidade e uma inevitável superioridade do Norte Global. Como conclusão, Ralf Michaels e Lena Salayameh acreditam que as críticas aos estudos comparativos, por partirem destas variáveis comuns, ou são internas, no que denominam de *critical comparative law* ou são externas, *postcolonial comparative law*. Como saída, propõem a construção de um *decolonial comparative law*, que não é anti-europeu, mas anti-universal e anti-colonial.[90] Embora concorde com a conclusão a que chegam os autores que, de fato, o direito comparado, para ser descolonial, precisaria envolver os estudiosos do Norte Global, especialmente como um requisito para a descolonização das epistemologias centrais, há algo a mais que precisa ser dito.[91]

[90] MICHAELS, Ralf. *Das Rechtliche Erbe der Kolonialzeit*. In.: Max Planck Paper Series, Hamburg, n. 4, p. 5, 2021. "(...) *Wie könnte eine dekoloniale Rechtsvergleichung aussehen, die sich demwidersetzt? Der Universalität westlicher Werte und Rechte kann sie die Idee der Pluriversalität entgegensetzen – vereinfacht gesagt: das Konzept einer Welt, innerhalb derer viele Welten möglich sind (...) Ein solcher Ansatz ist also nicht antieuropäisch, wohl aber antikolonial und damit auch antiuniversalistisch" (trad. "Como poderia ser um direito comparado decolonial que se oponha a isso? Opondo-se à universalidade dos valores e direitos ocidentais com a ideia de pluriversalidade –simplificando: o conceito de um mundo dentro do qual muitos mundos são possíveis. (...) Tal abordagem não é anti-europeia, mas anti-colonial e, portanto, também anti-universal.")*

[91] MICHAELS, Ralf; SALAYMEH, Lena. *Decolonial comparative law: a conceptual beginning*. In.: Rabels Zeitschrift für ausländisches und internationals Privatrecht, n. 86, p. 186 e segs, 2022.

Ambas construções, em alguma medida podem contribuir para uma reflexão sobre o *direito comparado em perspectiva descolonial*. Com Legrand, abrimos nos estudos comparativistas uma fenda para desossar a suposta completude, concatenação exemplar, metodologia lógica, pureza conceitual e univocidade nas definições jurídicas quando em confronto, duas manifestações jurídicas diversas. Com Michaels e Salayameh, a abertura para a revista dos estudos comparativistas às discussões descoloniais.

No entanto, penso que o *descomparativismo jurídico interno ou doméstico* que aqui se coloca tem outro domínio, outra síntese e igualmente outro objeto, embora não negue de forma alguma as leituras acima. O *filtro descolonial* outrora mais bem elucidado, que pretende no processo interpretativo, revisar institutos, racionalidades, instituições existentes no direito oficial a partir do amalgama cultural brasileiro, leva não a uma confronto entre ordens jurídicas tradicionais, nacionais *vs* estrangeiras, ou mesmo entre direito estrangeiro e plurinormatividade interna, mas uma forma de vasculhar experiências normativas que estão presentes na cultura brasileira, ora apenas silenciadas, ora negligenciadas, ora escondidas pelas sedimentações históricas do colonialismo.

Nesse sentido, o *descomparativismo jurídico interno* está nos horizontes de um comparativista, que olha a "experiência jurídica" (e não um direito oficial) guarani, quilombola, cipozeira, caiçara, ribeirinha, faxinalense, cigana, imigrante etc. a partir de seu próprio olhar, um tanto colonizado e eurocêntrico, mas que é descolonial e quer ler no emaranhado da ordem jurídica brasileira estas experiências marginais, e as descompara (próximo ao *movimento DE* de que há pouco se falava) em meio aos silêncios normativos, as obliterações, aos emudecimentos forçados por um direito exógeno etnocêntrico. Ao invés de olhar duas ordens jurídicas distintas e colocá-las em paralelo, nas suas semelhanças e dissemelhanças, nas suas interpenetrações e nos seus distanciamentos, no *descomparativismo jurídico interno* o comparativista descolonial brasileiro olha para a massa normativa e procura nela vasculhar, e, num processo inverso de uma mistura sob medida e sob receita, verificar nas entrelinhas, nos coágulos de sentidos, nas congestões simbólicas das interpretações jurídicas aplicáveis a casos concretos, o que precisa ser descomparado, o que precisa ser extraído como experiência jurídica própria.

Quando levado a juízo, sobretudo e diante de uma lide processual ou de um caso penal, o *descomparativista jurídico descolonial* está mais próximo de um arqueólogo jurídico do que um jurista, menos de um aplicador do direito oficial e mais de um escafandrista que mergulha no direito oficial e vai lentamente descomparando culturas sutilmente presentes, cujo tom baixo de voz sussurram ao seu ouvido arguto de hermeneuta, e puxa o fio do novelo ensimesmado em sua trama colonizada. Como um químico, o *descomparativista* vai fazendo análise após análise a fim de identificar os componentes imiscuídos no produto final, no *direito oficial*. Ele compara, descomparando, ele descolonialmente compara, negando (e aqui Legrand é pontual), e, nessa medida, esgarça o direito oficial, desdobra-o, desnudando a costura das experiências jurídicas marginais nele existentes. Eis porque, a *escuta étnica* é para si, um grande instrumento.

7. A *SUPERAÇÃO JURÍDICA EUROCÊNTRICA*: A REVISÃO DAS PRÁTICAS LEGISLATIVA, JUDICIAL E PEDAGÓGICA

Para promover este processo de *filtro descolonial*, *movimento DE*, e, portanto, a *superação jusepistêmica eurocêntrica*, naturalmente não se pode restringir este fenômeno à aplicação das normas existentes, do contrário a *interpretação descolonial* padecerá do mesmo equívoco pelo qual passa a atual *hermenêutica constitucional*: o ativismo judicial. É necessário também ir além da *prática judicial*, e operar uma revisão da *prática legislativa* com a criação de novos, abertos, móveis e porosos institutos jurídicos atentos à realidade brasileira, ao passo que retirando institutos em desconformidade com o contexto pátrio, mas, sobretudo, é indispensável operar uma revisão do *ensino jurídico brasileiro*. Assim, o *tripé descolonial* ganha força com a revista do ensino, estruturação legislativa e prática judicial.

A reforma legislativa[92] e prática estão inseridos na reflexão maior que se fez sobre a superação epistêmica, a deprocessualização do direito etc, contudo, a questão fundamental que fica, e pouco encarada por todos nós é: como promover uma reformulação pedagógica do direito. Como desensinar e deseducar o ensino etnocêntrico,[93] já que este modelo não

[92] Uma reflexão bastante direta e interessante, sobre uma nova estruturação legislativa tendo em conta o pluralismo e o constitucionalismo moderno está em Sara Araújo. Ver: ARAÚJO, Sara. *Constitucionalismo moderno, pluralismo jurídico y desperdicio de experiencia*. In.: Descolonizando el constitucionalismo: más allá de promesas falsas o imposibles. (A., Sara; S., Boaventura; A. Orlando orgs.) Cidade do Mexico: Aka, p. 135-159, 2021.

[93] OLIVEIRA, Luiz Fernandes de; CANDAU, Vera Maria Ferrão. *Pedagogia decolonial e educação antirracista e intercultural no Brasil*. Educação em Revista, v.26, n.01, p.15-40, 2010.; PENNA, Camila. *Paulo Freire no pensamento decolonial: um olhar pedagógico sobre a teoria pós-colonial latino-americana*. Revista de Estudos e Pesquisas sobre as Américas, v.8, n.2, p.181-199, 2014.;

é exclusivo dos bancos universitários, naturalmente. Desde cedo, desde as mnemônicas decoradas e repetidas em exaustão para assegurar o bom uso da fala, da memória e da capacidade de evocação, o ensino é essencialmente eurocêntrico, causal, metódico e sistemático. Se assim não for, expressa-se como *doxa*, como mau ensino, como ausência de rigor, clareza, compromisso e responsabilidade. Um professor de direito que não se posta à frente da sala (hoje na condução do *zoom*, *teams* e outros, mas isto, em princípio nada muda em termos epistêmicos) não é um professor.

No entanto, é necessário revisar as práticas de ensino dos bancos universitários. Obviamente que agregar metodologias novas já representa um passo significativo, como o aprendizado por casos (*cases*) etc., mas mesmo assim ainda continua sendo um exercício pedagógico exterior. Estratégias descoloniais precisam ser adotadas: revolução, objetivação da mitologia opressora e eurocêntrica; deslocamento do lugar de fala, valorização do conhecimento fronteiriço. É necessário revisitar a educação jurídica, rever a relação senhor-escravo hegeliano, em que a classe opressora e a classe oprimida se constituem mutuamente, pois o oprimido guarda características do opressor internalizadas pela educação/socialização. Não são poucas as manifestações em outros campos dessa relação colonizador e colonizado ainda presente: por exemplo, existe a crença de superioridade do patrão, de sua autoridade inquestionável (gerando uma admiração).

A própria relação professor-aluno é marcada por esta lógica do senhor-escravo. A desigualdade parece ser imutável e eterna. Do mesmo modo que o oprimido guarda adoração do patrão e o vê como ideal de vida, o aluno numa faculdade de direito vê o professor, em certa medida, como um ideal de vida. E nisso não há nada de mal, se a relação for realmente legítima, constituída e reconstituída aos moldes brasileiros e não

Soler, Juan Carlos Vargas. *La perspectiva decolonial y sus posibles contribuciones a La construcción de Otra economía.* Otra Economía, v.3, n.4, p.46-65, 2009. Schwarcz, Lilia; Neves, Paulo Sérgio da Costa; Moutinho, Laura. *Herança colonial confrontada: reflexões sobre África do Sul, Brasil e Estados Unidos.* In.: Revista Estudos Feministas, Florianópolis, a. 3, n. 27, p. 1-18, 2019.; Tuck, Eve; McKenzie, Marcia; Mccoy, Kate. *Land education: indigenous, post--colonial, and decolonizing perspectives on place and environmental education research.* In.: In.: Environmental Education Research, v. 1, n. 20, p. 1-23, 2014.; Verdesio, Gustavo. *Colonialidad, colonialism y estudios colonials: un enfoque comparativo de inflexion subalternista.* In.: Revista Tabula Rasa, n. 29, p. 85-106, 2018.

na esteira europeia. A colonização cognitiva implica um indivíduo que passa a pensar e ver o mundo a partir de categoriais que o colocam na posição de oprimido, e o uso de teorias exclusivamente estrangeiras geram uma identidade geo-cultural, como quisera Anibal Quijano: o moderno e não moderno (colonial). O eurocentrismo então alcança uma dimensão essencial na colonização cognitiva.

É necessário rever a magia que opera nos bancos escolares das faculdades de direito de um certo poder do destino, pois nada mais representa que a mitologia da estrutura opressora, implicando um fatalismo da docilidade. Dussel foi cáustico quando sustentou os "mitos da modernidade eurocêntrica": (i) a civilização moderna se descreve como mais desenvolvida; (ii) a superioridade obriga a desenvolver os primitivos como exigência moral; (iii) o caminho de desenvolvimento a ser seguido é o europeu – falácia desenvolvimentista; (iv) a oposição do bárbaro ao processo civilizador exige o recurso da violência; (v) violência como inevitável; (vi) emancipação da culpa sentida pelo oprimido por opor-se ao processo civilizador; (vii) o sacrifício dos atrasados é inevitável; e (viii) perspectiva evolucionista, linear e unidirecional da mudança eurocêntrica.

Tudo isto, obviamente está presente no ensino jurídico. Acrescente-se a isso ainda o racismo[94] e a ideia de que o negro não teria as mesmas capacidades intelectuais do branco, o patriarcado que manifesta a inferioridade da mulher, seja nos exemplos dos livros, seja nos exemplos tolos de sala de aula de alguns professores. Não se pode esquecer ainda, em termos gerais, dos mitos elencados por Paulo Freire: (i) ordem opressora é uma ordem de liberdade (se não gostar do patrão, pode escolher outro); (ii) preguiçosos podem chegar a ser patrão; (iii) do direito igual a todos à educação; (iv) igualdade de classe; (v) heroísmo das classes opressoras que mantêm a ordem da civilização ocidental; (vi) da caridade e generosidade da classe opressora; (vii) de que a classe opressora cumpre seus deveres e com isso promove o bem social; (viii) do laborismo dos opressores e da preguiça e desonestidade dos oprimidos; (ix) da inferioridade ontológica dos oprimidos e superioridade dos opressores.

Há obviamente uma proximidade aqui desta ideia esboçada por Freire da "invasão cultural" e a "colonização do ser" dos autores descoloniais.

94 Para uma compreensão aprimorada, ler: ALMEIDA, Silvio Luiz de. *O que é racismo estrutural*. Belo Horizonte: Letramento, 2018.

O ensino, tal como se encontra, opera a inautenticidade do ser dos invadidos, ao mesmo tempo que o sentimento de inferioridade: andar, vestir-se, falar ao modo do opressor. E isto é evidente no ensino jurídico, quando somos ensinados, consciente ou inconscientemente, à adoração das teorias estrangeiras, como se fossem o ápice que o intelecto pode produzir. É, no fundo, um sentimento de inferioridade. Por isso tanto Freire quanto Fanon deixaram expressar aos seus modos uma ideia de revolução como libertação, porque a busca pela origem e o retorno seria hipócrita e o vivido não mais existe e talvez nunca tenha sido vivido. Eis porque a descolonização não é e não se equipara ao projeto antropofágico. A filosofia de resgatar as origens do povo colonizado não tem utilidade, já que não envolve o tratamento dos problemas atuais, sendo apenas exercício intelectual. Também, pode acabar redundando no fato de que esta busca se opere a partir das categorias definidas pelo próprio colonizador. Ao lado de investirmos tempo na compreensão da origem do saber jurídico ocidental[95], talvez seja necessário investir também tempo em discutir invisibilidades epistêmicas e subjetivas.

O que parece ser necessário é repensar as estratégias metodológicas de sala de aula, a discussão com autores que usualmente não tem poder de fala no direito, como mulheres, negros, indígenas, quilombolas, pessoas trans etc. É necessária a perspectiva pedagógica que desvende preconceitos estruturais, que guie olhares dos estudantes para os institutos, as teorias e argumentações existentes a partir de um outro lugar, de um ponto de vista diverso, em grande parte invisibilizados continuamente, e, portanto, capazes de compreender os limites, os alcances, os contornos desta exclusão. É, então, importante rever “quem ensina”, “como ensina”, o “que ensina”, para assim, a “quem se ensina” e o “como será recebido” possam realmente ser descolonizados.

Pensemos, por mera sugestão, nos exemplos formulados por Dworkin em seu livro e que são cotidianamente usados nas salas de aula. Um ao menos, como o *Tennessee Valley Authority vs Hill*, caso julgado pela Suprema Corte, o qual envolveu a paralização da construção de uma barragem para proteger um peixe ameaçado de extinção, o *snail darter*. A grande discussão para Dworkin seria um desacordo teórico e não empírico, sobre

[95] Como eu mesmo o fiz durante tanto tempo e a essa busca dediquei meus estudos doutorais.

a norma expedida pelo Congresso para a proteção de espécies ameaçadas. O exemplo é interessante e está na base dos *hard cases*, já que envolve os altos custos suportados pelos cidadãos americanos da barragem já construída em parte e por outro a proteção dos direitos intergeneracionais, como o meio ambiente. No entanto, se posto por um professor brasileiro na esteira descolonial, a questão não pode aqui se encerrar. Deve-se avançar para questões que são típicas da realidade brasileira, que, obviamente, não passariam pelos horizontes de Dworkin. Aqui teríamos, certamente, outros interesses em questão, como de caiçaras que pescariam o *snail darter* e que, portanto, colocariam outra variável, para além da proteção ambiental da espécie ameaçada, e para além do encargo financeiro suportados pelos cidadãos por um mal planejamento da obra, que é a *questão cultural caiçara*.[96] Enfim, apenas neste exemplo. Descoloniza a teoria do direito e o direito brasileiro o professor, a professora que não estanca seu raciocínio aos moldes dworkianos, que, embora extraordinário, é exógeno e não compreende plenamente a realidade brasileira. Estariam portanto, caiçaras à exceção das leis de crimes ambientais, e poderiam continuar sua pesca do robalo, da caratinga, da cavala, da parati?

Quando se discute em sala o instituto da lesão, do estado de necessidade, dos "concubinatos impróprios", da adoção, não pode o docente ou a docente se restringir em expor a conceituação dos institutos, os requisitos, os limites, os elementos subjetivos e objetivos. Descolonizar implica impactá-los na realidade cultural brasileira; significa passá-los pelo filtro descolonial e verificá-los se são ou não compatíveis com o substrato cultural brasileiro. Descoloniza aquele que o filtra, que o lê a partir do *movimento DE*, e desnuda em seu alcance, seus limites diante do que é brasileiro e não apenas do que é segundo o *background* cultural do Norte Global que lhe deu lastro para ser criado. Descoloniza aquele que o interpreta, que o modifica e problematiza diante das subjetividades marginalizadas. Descoloniza o(a) professora(a) de direito constitucional que gasta mais seu tempo em refletindo a desigualdade do sistema eleitoral do que apresentando os quóruns "neutros" de votação no Congresso; que

[96] Este exemplo, em parte, pude vivenciar quando experienciei um processo judicial cujo tema da ACP era a elaboração do Plano de Manejo do Parque de Guaraqueçaba. De um lado, a legislação ambiental, de outro, os interesses de proteção ambiental, por fim, a questão intergeracional caiçara típica do litoral paranaense.

investiga o capítulo da política urbana e fundiária com outros olhares, a partir das discussões postas pelos movimentos sociais ao invés de apenas expor os instrumentos creditícios e fiscais, a compatibilidade de preços etc.; que discute o direito à saúde não por cláusulas gerais frias e vazias de conteúdo, como a enumeração da "participação da comunidade" ou do "atendimento integral"; que discute no constitucionalismo o feminismo, as vulnerabilidades sobrepostas e interseccionalidades etc. Descoloniza-se quando o ensino do direito penal se preocupa menos em conceituar dolo e culpa e mais em discutir o substrato econômico, social, político e cultural da formação de vontade, de escolhas e de condutas; que problematiza a figura absurda e hipostasiada do "homem médio", do "sujeito razoável", do "cidadão de bem", enfim, é preciso toda uma revisão de planos de ensino, formas pedagógicas, conteúdos temáticos, exemplos de aplicabilidade a fim de o estrangeirismo possa ser posto em cheque, filtrado e descolonizado.

8. DO SUJEITO DE DIREITO À ALTERIDADE DESCOLONIAL: DESMARGINALIZANDO SUBJETIVIDADES

A teoria crítica do direito de que tanto se falou já neste ensaio, esteve centrada, dentre tantas questões, sobre a necessidade de "emancipar" os sujeitos de direitos, retirando-os da condição de excluídos do sistema capitalista, do sistema positivo e do jogo internacional na relação centro-periferia.[97] O tema da subjetividade jurídica esteve entre os principais pontos de conversão dos teóricos dos anos 80/90. O sujeito do campo, o pobre, o sem propriedades, o sem documentos, o periférico, o analfabeto, o desempregado, não estava no espectro da subjetividade jurídica. A exclusão econômica estava entre todas como a mais robusta das formas de invisibilidade. Por isso, ao se pensar numa desmarginalização naquele momento, pensava-se no "sujeito de direito" da cidade, burguês, liberal e se invisibilizava o não sujeito pobre, da periferia, em situação de rua, sem documentação.

Contudo, o contexto se alterou, movimentos sociais de ordens diversas surgiram reclamando proteção, a globalização deixou de ser vanguarda para ceder à virtualidade. O movimento LGBTQIAP+ passou a demandar direitos das mais diversas ordens, desde a garantia de suas identidades, livre exercício da sexualidade, reprodução, incluindo direitos familistas e outros. O movimento indígena, como visto, ensaiou um novo lugar. O movimento feminista ganhou novos contornos, passando todos a questionar o "sujeito de direito" numa dimensão mais ampla de

[97] Para uma reflexão mais profunda sobre o tema, ler: ALMEIDA, Silvio Luiz de. *Crítica da subjetividade jurídica em Lukács, Sartre e Althusser.* In.: Direito e Praxis, v. 7, n. 4, p. 335-364, 2016.

exclusão. Este sujeito passou a ser reconhecido enquanto tal também por ser branco, heterossexual, homem, cis etc., e a não subjetividade jurídica evidenciou uma série de outras invisibilidade, como a mulher, a preta, a indígena, o homossexual, a lésbica, a trans etc.

O movimento feminista descolonial, por exemplo, passou a se unir ao movimento das mulheres negras e não brancas para tornar central a questão do racismo na denúncia da opressão patriarcal-capitalista, como indica Susana de Castro.[98] Considerando a herança colonial escravista brasileira e latino-americana, as feministas descoloniais questionam a identidade monolítica de "mulher", própria do movimento feminista identitário, e as pautas predominantes nos movimentos feministas importadas do feminismo liberal, tais como o direito ao aborto, a criminalização do assédio e do estupro e a paridade de gênero na política e nos empregos, que são claramente de interesse da mulher branca e universitária, e não necessariamente da mulher trabalhadora, não branca e de classe popular, mais vulnerabilizadas no Sul global.

Esse torna-se o ponto de partida desse feminismo contra hegemônico para pensar formas de combater o imaginário racista que considera inferior ao europeu tudo o que é oriundo das comunidades originárias e cultura afro-brasileira. Nesse sentido, as feministas descoloniais entenderam que, por meio de uma metodologia epistêmica que levassem em conta as diversas experiências das mulheres, das diferentes regiões e classes sociais, poderiam finalmente ouvir as vozes subalternas que foram silenciadas pelo processo de colonização que se perpetua nos dias de hoje.

Por fim, a descolonização do movimento feminista demandou que as feministas acadêmicas abriram mão de seus privilégios da branquitude, deixando de falar em nome de outras mulheres, e, ao contrário, passando a lutar, criando espaços para que as subalternas fossem ouvidas.[99] Com isto, e todo o percurso que o movimento feminista passou a experimentar e suas interseccionalidade, juntamente com o movimento

[98] Castro, Susana de. *Origem e ideias centrais: as mulheres negras e trabalhadoras nunca fizeram parte da pauta tradicional do feminismo em favor do direito ao trabalho e à vida pública*. Revista Cult, São Paulo, a. 23, edição 262, out., p. 29-34, 2020.

[99] Castro, Susana de. *"Aposta epistêmica": o feminismo descolonial de Yuderkys Espinosa Miñoso*. Revista Ideação, Anpof, São Paulo, n. 42, p. 86-93, jul-dez 2020.

negro, indígena etc., a ideia de sujeito de direito se esfacela, e a apreensão de uma projeto descolonial se tornou a questão do momento a ser discutida.

Um momento de conscientização sobre espectros mais amplos de desigualdade, dependência, submissão, marginalização veio à tona. Aquilo que sempre esteve presente, mas para o qual não se havia dada a atenção devida, insurgiu-se e questionou sua condição de subalterno como variável de construção de categorias jurídicas, de institutos, de garantias e direitos. Raça, gênero, etnia, orientação sexual, origem geográficas vêm sendo refletidos pelos autores das ciências sociais como negligências operadas pelo colonialismo. Anibal Quijano, Enrique Dussel, Walter Mignolo etc. chacoalharam os pilares da modernidade, do capitalismo, do colonialismo para expor de que maneira negros, mulheres, gays, lésbicas, imigrantes, quilombolas foram marginalizados e colocados aquém da subjetividade do capital. Recursos públicos não haveriam de lhes ser destinados, cargos públicos não lhes serviriam a ser ocupados, políticas públicas não lhes abarcaria, seus anseios não seriam elegíveis politicamente. E no âmbito jurídico?

A descolonização no direito e na teoria do direito brasileiro desdobra-se no interior da teoria crítica do direito justamente para trazer para dentro do universo jurídico estas mesmas variáveis de raça, gênero, etnia, orientação sexual, origem geográficas etc. E aqui o mais robusto de todos os questionamentos da descolonização, à medida que pretende *desmarginalizar* as subjetividades historicamente invisibilizadas, por meio do filtro descolonial e sua erotização.[100]

Junto com a colonialidade/modernidade, nasce uma concepção de humanidade em que a população mundial é diferenciada entre inferiores/superiores, irracionais/racionais, primitivos/civilizados, tradicionais/modernos. A ideia de classes sociais é elaborada no pensamento eurocêntrico do final do séc. XVIII e XIX, quando o mundo já está dividido em Europa e não-Europa. Classe, sexo e raça são articulados pela colonialidade. A distribuição das pessoas nas relações de poder permite pro-

[100] Uma leitura fundamental nesta linhagem, e que explica com propriedade como, por exemplo, no campo da sexualidade, subjetividades são invisibilizadas por força da *heterocisnormatividade* é BAGGENSTOSS, Grazielly Alessandra. *A subjetividade jurídica e o pacto heterocisnormativo.* In.: Revista Eletrônica Direito e Sociedade, Canoas, v. 9, n. 2, p. 105-119, 2021.

cessos de classificação, desclassificação e reclassificação social. As diferenças fenotípicas foram usadas como expressão das diferentes raças, raça branca e raças de cor. Padrões de organização familiar europeus fundados na classificação racial, com a liberdade sexual dos homens e a fidelidade das mulheres brancas, com a consequente prostituição das mulheres negras e indígenas. Estas características representam hipocritamente as normas e os valores formais da família burguesa. A cor é uma invenção europeia, como uma referência natural ou biológica de raça. Raça é uma categoria cuja origem intersubjetiva é demonstrável, mas foi construída como natural e material, porque implicada no corpo humano. O corpo é o nível decisivo das relações de poder, pois libera do antigo dualismo judeo-cristiano (alma-corpo). O corpo na exploração é usado e consumido no trabalho, vinculado à pobreza, à alimentação, fome. Também na questão de raça e de gênero.[101]

É necessário, em termos mais abstratos, superar o modo como o direito de matrizes eurocêntricas foi construído, tensionando os institutos que existem, a racionalidade material e processual formalizada, a representatividade e a legitimidade presentes no *direito oficial* exatamente a partir destas variáveis para saber até que ponto são capazes de efetivamente sentir o Outro, acolher o Outro, ver e ouvir o Outro. A alteridade não é algo novo no direito por uma razão muito simples: o direito é uma espécie de expressão material e formal da *justiça*, e esta, assim como a *igualdade*, enquanto virtudes éticas na linhagem aristotélicas, são essencialmente bilaterais,[102] ao contrário das demais, como coragem, liberdade etc. Isto quer dizer: não se consegue ser justo sem ter o

[101] Sobre o impacto ainda decisivo da questão racial e de gênero e sua centralidade nas perspectivas descoloniais, muito bem exploradas estão as ideias nos seguintes textos, sob a lucidez de Joaze Bernardino-Costa: Bernardino-Costa, Joaze. Decolonialidade, Atlântico Negro e intelectuais negros brasileiros: em busca de um diálogo horizontal. In.: Sociedade e Estado, UnB, v. 33, p. 117-135, 2018.; ______.; Grosfoguel, Ramón. Decolonialidade e perspectiva negra. In.: Sociedade e Estado, UnB, v. 31, p. 15-24, 2016.; ______.; Torres, Nelson Maldonado; Grosfóguel, Ramón. (Org.). Decolonialidade e Pensamento Afrodiaspórico. 2 ed. Belo Horizonte: Autêntica, 2019, 365p.

[102] Isto poderia ser questionado em algum aspecto, embora não seja o tradicional, como o foi feito nos estudos pós-doutorais pelo autor na USP entre os anos de 2014-2015, cujo resultado se formalizou no texto: Borges, Guilherme Roman. *Violência e mediação: a trágica busca de um "justo metábole'*. Curitiba: IFDDH, 2015.

outro como referência, pois ser justo, é ser justo sobre algo em relação a alguém; e ser igual, também pressupõe o outro, para o ter como parâmetro. Mas ainda mais, o direito, diversamente da moral no seu sentido positivo, é igualmente bilateral, porque se trata de um dever imposto por alguém em relação a outro.

Esta bilateralidade existencial do direito, seja no campo das virtudes, seja da moral, implica em síntese dizer: o direito ocupa-se de si, e do Outro; do modo como construir o sujeito de direito e o não sujeito, da maneira como cria a identidade e sua ausência. A "alteridade", então, está na essência do direito moderno, do direito construído cientificamente nos últimos dois séculos, e, portanto, do direito de matizes eurocêntricas. A questão então posta é: como este direito, do qual somos herdeiros colonizados, ocupou-se da oclusão do outro. Como este outro, o que é estranho, o outro colonizado foi apreendido juridicamente pelo dominador, conquistador, colonizador? Que alteridade é esta que marcou a subjetividade jurídica moderna eurocêntrica, questionada pelos autores pós-modernos, e, agora, pelos autores descoloniais?

Não é nada nova a informação de que as heranças kantianas, e sobretudo, hegelianas foram os algozes desta concepção. Em particular Hegel com sua "alteridade dialética", cujas marcas serão determinantes para dizer como a figura do Outro haveria de ser recepcionada pelo direito. Um percurso por esta concepção de alteridade, bem assim por autores contemporâneos estrangeiros, e críticas de autores descoloniais parece oportuno.

Dizer que o direito moderno, eurocêntrico, e aqui "enxertado" em termos comparativistas na realidade brasileira, sustenta-se em Hegel, significa aceitar a tese de que o direito reconhece o outro como expressão de si mesmo, como o faz o sujeito hegeliano. A metáfora do senhor (*Herr*) e do escravo (*Knecht*), trazendo os temas da dominação (*Herrschaft*) e da escravidão (*Knechtschaft*) são por si sintéticos desta compreensão. Mas é preciso inseri-los num espectro mais amplo do sistema hegeliano, presente, segundo Jean-Pierre Labarrière, Kojève, Hyppolite na Ciência da Lógica, Fenomenologia do Espírito, Enciclopédia das Ciências Filosóficas.[103]

[103] Este tema aparece precisamente em: *Phänomenologie des Geistes*, 1807; *Wissenschaft der Logik*, 1812-16; e *Enzyklopädie der philosophischen Wissenschaften*, 1817-30.

A filosofia especulativa hegeliana compreende-se a partir da crítica à metafísica clássica e a filosofia kantiana, conforme os três momentos: o "abstrato", o "dialético", o "especulativo" (§§ 79 a 83 da Enciclopédia). Apresenta uma estrutura circular dos elementos, em que fim e princípio se identificam, após o alcance da "mediação". A metafísica clássica para Hegel propunha uma igualdade entre o subjetivo e o objetivo (identidade imediata do ser e do pensar). Para ela, são as determinações postas pelo pensamento que definem o "ser" (reflexões na Introdução da Ciência da Lógica e no Primeiro Volume da Enciclopédia). Segundo, Hegel, Kant supera esta visão, separando ordem interna e ordem externa, homem e mundo. As coisas estão fora da realidade subjetiva – ação negadora da razão.

Alteridade, então não é algo, e sim um fenômeno. É justo aqui que Hegel se difere: a razão ultrapassa a diferenciação sujeito e coisa-em-si, pela "alteridade dialética", em que extremos estão separados (mundo interno e mundo externo). A "mediação reflexiva" permite identificar interior e exterior. É, portanto uma mediação dinâmica e não estática. Então a negação que distingue subjetivo e objetivo é suprassumida (totalidade na parte) na identidade de ambos. O "sistema hegeliano" então é gravado por uma "unidade", sustentada por dois princípios: "auto-diferenciação", e "auto-reflexão" – exteriorização de si mesmo e retorno a si: abstração, negação, especulação. Avaliando Kant, Hegel diz que ele superou a metafísica clássica, porque apenas a lógica, a matemática e a física, por serem capazes de abstrair de todos os objetos de conhecimento, é que avançaram como conhecimento puro da razão, enquanto a metafísica não.

Kant propusera que deveria a razão julgar a si mesma e analisar seus próprios limites, e, ao contrário da metafísica clássica, não deveria o conhecimento ser regulado pelos objetos, mas um conhecimento a priori deles, estabelecendo algo sobre eles mesmo antes deles existirem para o homem. O pensar criativo e o intuir é que permitem reconhecer o que o sujeito pôs no objeto a ser conhecido. O conhecimento é universal e necessário, justamente porque independe da experiência. A razão encontra seus limites no mundo sensível e finito, mas ela independe da experiência como fundamento. Há sempre um limite da razão: a intuição não acessa à coisa em si, e no plano abstrato, pode ao extremo gerar contradições. Em suma, para Kant: o conhecimento do objeto é produto do sujeito; as coisas em si não podem ser conhecidas; as ideias da razão encontram limites. Intuição, recepção sensível, faculdade de pensar não podem preterir umas às outras. Kant, então, é um crítico do empirismo e do racionalismo. O sujeito é o criador da realidade (como fenômeno).

Hegel, por sua vez, acredita que um conhecimento verdadeiro (científico) precisa superar a dicotomia sujeito-objeto. Critica, então, a limitação do conhecimento racional. As coisas não são "determinações do pensamento", como se acreditava na metafísica antiga (pressuposição de algo é, porque é pensado, conhecido em si), mas ao mesmo tempo também tem um princípio organizador da realidade e do pensamento, como esta acreditava. Hegel acreditava que a metafísica antiga era ingênua, porque acreditava que era possível captar as coisas em si mesmas apenas pelo pensamento. O §80 da *Enciclopédia* é decisivo. Hegel acredita que a metafísica antiga ficou atrelada ao "entendimento" (determinações puras do pensamento), e descurando da "intuição sensível". Com isso, o pensar se torna finito, e esquece que algo é, porque está em conexão com seu Outro, sendo por ele limitado. Entendimento é apenas um estágio, necessário, para pensar, porque abstrato, mas precisa do movimento a partir do seu oposto. É necessário um segundo estágio: aquele que nega a limitação do pensamento abstrato: a "alteridade".

O primeiro pensar parte do conhecimento com superação da realidade sensível e imediata, portanto, abstrato. Mas ele depende de uma segunda etapa: o negativamente racional, ou seja, o dialético. É a alteridade dialética que permite o conhecimento. É no segundo momento que as determinações finitas e unilaterais do entendimento são suprassumidas no jogo de oposição. O momento dialético é a alma motriz da progressão, o princípio de todo o movimento. O entendimento dá as determinações, fixas e unilateriais, enquanto que a razão negativa a relaciona com seu oposto, criando uma alteridade como oposição imanente a si mesma. Identidade-diferença-contradição. A identidade é móvel. Quando os termos são postos em diferença, esta se aprofunda até a diversidade, em seguida, à oposição. A negatividade da razão põe em suspensão os pressupostos, como um momento dialético: uma dialética especulativa.

Isto nos leva, então, a principal metáfora hegeliana para compreensão da subjetividade, que é a "dialética do senhor e do escravo", presente na *Fenomenologia do Espírito*, na "consciência de si". Na obra, retrata-se o caminho da "consciência", desde a certeza sensível, que é o mais vulgar de todos, até o saber absoluto. "Consciência de si" como desejo, apetite. Ela se apropria das coisas. Ela busca o "outro" para poder ser, mas o acaba destruindo. O objeto do desejo é a vida, e esta é a estrutura homóloga à consciência de si. A vida, infinita por essência e capaz de ultrapassar a tudo, é a reflexão do ser sobre si. A consciência, para se satisfazer, precisa de outra consciência de si. Ela, então, se realiza enquanto unidade do seu "si", como seu "ser outro". Para existir consciência de si, deve existir outra que vem de fora. As duas consciências, a de si e de outro se encontram de modo incialmente tormentoso. Eis o "senhor" e o "escravo". Eis o sujeito de direito e o não sujeito, ou o não sujeito obrigatoriamente como o espelho do sujeito. O "senhor", temendo a morte, não desistiu da luta, enquanto "escravo", sim, razão pela qual se torna escravo. O escravo continua a trabalhar e a temer a morte, enquanto o senhor, deixando de trabalhar, apenas vive e se regozija do trabalho do escravo (por isso não teme a morte).

A consciência escrava se dirige ao "reconhecimento". O que o escravo faz é o "agir do senhor", e neste processo dialético se torna uma verdadeira consciência. Então o senhor se torna dependente do escravo, já que é este que trabalha. O escravo, por outro lado, continua a trabalhar e a temer a morte. Trata-se de duas figuras da consciência, que passam por um processo até atingir a consciência de si. O escravo se forma pelo medo e trabalho, então, por meio disso, torna-se um "ser para si". Através do trabalho, o escravo supera a sua condição de consciência escrava, enquanto que o senhor se diminui, já que não consegue exercer o trabalho. "Medo da morte" e "trabalho", indispensáveis para a formação do indivíduo. Então, neste momento, há a inversão dos papéis. O escravo deixa de "ser para o outro" e se torna um verdadeiro "ser para si". O senhor, antes um "ser para si", torna-se um "ser para o outro". Enfim, a consciência pura é desejo (desejo de se apropriar das coisas), mas que ao encontrar outra consciência, entra em luta, e quem se rebaixa é quem teme a morte, tornando-se escravo, fazendo do outro senhor. Assim, o escravo se torna um "ser para o outro", enquanto o senhor um "ser para si". O senhor, deixando de trabalhar, também não teme mais a morte, enquanto o escravo é aquele que trabalha para o senhor e teme a morte. Nesse momento também se dá a inversão, pois o escravo, formando-se pelo trabalho, torna-se um "ser para si", enquanto o senhor se rebaixa e vira um escravo.

É justamente esta a compreensão que sempre esteve por trás das categorias jurídicas. O eu jurídico é o eu de si mesmo, e, portanto, vê o outro como num espelho, só aceitando aquilo que lhe é idêntico. O escravo é dialeticamente o senhor, como o senhor é dialeticamente o escravo. O sujeito de direito então vê o não-sujeito, o Outro, como uma experiência de si mesmo, um lugar idealizado, que procura semelhanças para se reconhecer, que busca comunhão para se auto constituir. Esta é a tradição de perceber a subjetividade jurídica, que reconhece o Outro desde que lhe seja semelhante. Eis, portanto, uma forma asséptica, formal, objetiva de ser o subjetivo, de ver o Outro com um espelho de si mesmo se um reflexo jurídico o for. A bilateralidade espelhada da juridicidade moderna.

Contudo, obviamente esta ideia de subjetividade não se manteve, nem mesmo entre os europeus, incólume aos questionamentos dos autores pós-modernos. Outras concepções vieram à tona para desestruturar a alteridade dialética hegeliana, como a alteridade em Honneth, Deleuze, Derrida e Levinas. Estes autores abrem o caminho para que Judith Butler revolucione a perspectiva da alteridade em termos críticos, e para que Dussel venha com suas críticas impiedosas a promover a descolonização, que aqui são fundamentais.

Numa seara crítica, a alteridade em Emmanuel Levinas[104] aparece em *De l'existence à l'existant* (1947), *Le temps et l'autre* (1947), *L'humanisme de l'autre homme* (1972), e *Totalité et infini* (1961). A partir da fenomenologia, como um método, Levinas analisa a expressão francesa "*Il'y a*", como a existência surge do neutro, mudo de significado, do desconhecido. "Ser em geral". Experiência do ser como um não sentido. O existente, então, sai da existência. É o homem que dá sentido para o existente. E daí rompe com o "*Il'y a*". O ser só ganha então daí o sentido, numa epifania do outro, porque diante do outro é que deixa de ser neutro. Não se anula no Outro, como quisera o pensamento hegeliano. Da Antiguidade até a Idade Média, a noção de "ser" (*il'y a*) apaga a noção de alteridade, porque o ser é ele mesmo, independente de qualquer outro.

104 Ideias extraídas, especialmente de LEVINAS, Emmanuel. *De l'existence à l'existant*. Paris: Fontaine, 1947.

Na Idade Moderna, surge a noção do sujeito com o pensar sobre o "eu". Aqui ainda o outro está descartado, porque centrada em pensar no "eu", o espelho, ou a metáfora senhor-escravo. Seu objetivo é terminar seu pensamento numa perspectiva ética. A filosofia ocidental foi pensada sempre na lógica da dominação do ser humano por outro ser humano. Por isso ele coloca o outro, não como um dado, uma verdade capturável, como adequação. O outro se impõe a mim, com sua irredutível alteridade. O outro olha para o eu e a ele se refere, ao tempo que se desfaz da ideia que havia sobre o eu que tinha em mente. O rompimento do ser é a alteridade. A face do outro é sempre destruída e a imagem que havia se desconstrói, porque não é estática. A face do outro se impõe para além do contexto físico e social. A face é uma significação sem contexto. A face não pode ser vista, por isso não pode ser o conteúdo captado pelo pensamento. Por isso o outro não é um dado. A face do outro sai do anonimato do ser. E com isso faz com que o eu também saia do anonimato. A relação com a face é imediatamente ética. É da relação com o outro que surge o questionamento moral. A ética está fundada em dois conceitos fundamentais: proximidade e responsabilidade. A vida humana é marcada pelo constante encontro com o outro (aqui que não é o eu). Desse encontro, percebe-se que o outro é diferente do eu. Pelo semblante do outro percebe que existe uma consciência diferente de mim. É nessa relação que a moral adquire sentido. Então, por estar junto, isso implica uma responsabilidade pelo outro. O sofrimento do outro me impõe um dever para o outro. A omissão não leva à aniquilação do outro. A omissão torna o eu responsável pelo outro. O sofrimento do outro convoca a minha ação. Não podemos esquecer o outro ou o apagar. Proximidade e responsabilidade geram justiça (deixar-se julgar pelo rosto do outro). Necessidade de se buscar corrigir as assimetrias entre os seres humanos. O eu deve chegar ao ponto de inclusive sentir a responsabilidade que o outro tem. É isto que comporta a construção das instituições e do Estado. "O outro pelo qual sou responsável, pode ser o algoz de um terceiro, que também é meu outro". Se só houvesse duas pessoas, seria parar no plano das responsabilidades, mas à medida que existem mais, surge o problema da relação entre o segundo e o terceiro. À caridade inicial, aparece a necessidade da ideia de justiça, que é uma caridade mais completa, que depende das instituições. Agir em favor do outro não é uma caridade, mas justiça. A cultura moderna faz com que o "ego" tenha um grande privilégio. Eu mesmo, aquilo que eu sou. Então vejo o mundo a partir do elemento subjetivo. Estamos vivendo hoje uma espécie de narcisismo, egoísmo, pelo privilégio do eu. Com isso, há um distanciamento do outro. Dificuldade de perceber a existência do outro. Consciência de si, de mim, faz-me não ter dúvida da minha existência. Densidade da pessoa, de origem cartesiana. Ego como categoria principal. Posso ter consciência do outro da mesma maneira que tenho consciência de mim? Não, por isso se torna um problema ético. Civilização individualista e egocentrista está na base. Por isso o holocausto foi a exacerbação do egocentrismo. A discriminação é a afirmação da plena humanidade do si, e a relativa humanidade do outro. A humanidade do outro é consentida. Por que eu tenho que constituir o significado do outro? Por que não é o outro que me constitui como eu sou? Eu devo a existência minha ao outro, e não o outro deve a mim. Como seria o mundo em que eu dependesse do outro? A ecologia é uma tentativa de ver o mundo a partir do outro. E aqui Levinas rompe definitivamente com a perspectiva hegeliana que fundou toda a lógica da subjetividade jurídica.

A ideia do Outro em Axel Honneth aparece em *Social Action and Human Nature* (1988) e *The Struggle for Recognition* (1996), sobretudo, e está vinculada à luta pelo reconhecimento. Algumas questões estão a ela atreladas: uma gramática moral dos conflitos sociais e o reconhecimento como parâmetro normativo de justiça. A matriz é a do jovem Hegel, visto então como "relação ética entre dois sujeitos". A identidade do sujeito, entende Honneth, pressupõe o reconhecimento recíproco entre duas pessoas.[105] Então, alguém só se vê um sujeito social se reconhecido pelos demais. Está preocupado Honneth em mostrar como os indivíduos se inserem na sociedade atual. E isto se dá pela "luta pelo reconhecimento" e não pela "autoconservação" (visão maquiavélica e hobbesiana). Para estes autores, o sujeito se inseria na sociedade para se preservar, para sobreviver.

A alteridade implica o "reconhecimento" como amor (que gera autoconfiança), direito (autorrespeito) e solidariedade (autoestima).

[105] As ideias aqui sintetizadas, estão presentes em Honneth, Axel. *A luta por reconhecimento.* São Paulo: Editora 34, 2003. (especificamente no Cap. I – Presentificação Histórica, e Cap. II – Atualização Sistemática – item 5 – Padrões de reconhecimento intersubjetivo).

Quando uma destas formas é atacada, surge a luta pelo reconhecimento. Honneth sustenta a noção de "amor" a partir da psicologia de Winnicott, o qual vislumbrava duas fases no desenvolvimento psíquico da criança: uma absoluta/simbiose – mãe e bebê não se diferenciam, embora este comece a tomar consciência de que a mãe faz parte do mundo e não dele; e uma relativa – a criança vê o outro como independente dela, com direitos próprios, então aqui surge o "amor", porque ela passa a reconhecer o outro como alguém independente). A noção de "direito" se apresenta em fase: numa primeira (séc. XVII), direitos de liberdade; numa segunda (séc. XIX), direitos políticos de participação; e numa terceira (séc. XX), direitos sociais de bem-estar. Por fim, a "solidariedade/eticidade" implica a aceitação recíproca das qualidades individuais, julgada por meio dos valores da comunidade e isto exige a autoestima. Os valores das comunidades, por sua vez, variam, também de época em época, assim como igualmente varia a autoestima.

Então, a evolução da sociedade se explicaria para Honneth também a partir da passagem dessas três formas de reconhecimento. A luta pelo reconhecimento como resultado de uma violência ou desrespeito a uma destas formas. A violência física, desrespeita o "amor"; a privação/exclusão de direitos atinge a integridade do indivíduo, logo, violenta o "direito"; e a ofensa à honra a um indivíduo que é membro de uma comunidade de valores, fere a "solidariedade". A luta social surge então como uma luta de reconhecimento de uma dessas formas.

Por conseguinte, a identidade se forma pelo reconhecimento intersubjetivo. "O nexo entre a experiência do reconhecimento e a relação consigo próprio resulta da estrutura intersubjetiva pessoal". Quando o outro aceita ou encoraja o indivíduo, este passa a se reconhecer e a se referir a sim mesmo como ser a quem cabe propriedades e capacidades. A extensão destas propriedades e o grau de realização aumentam sempre que o reconhecimento cresce, referindo a si como "sujeito". Honneth, então, visivelmente rediscute os paradigmas hegelianos, trazendo a crítica de uma relação conflituosa entre o si e o Outro, na qual a juridicidade se coloca transpassando as categorias de reconhecimento.

Avançando, Gilles Deleuze com sua filosofia da diferença também promove uma revisão dos ideiais modernos europeus de alteridade. Em *Logique du Sens* (1969), *Critique et Clinique* (1993) e *Différence et Répéti-*

tion (1968)[106], especialmente, propõe que o saber, a partir da sua lógica, estabelece um rol de variáveis que entendem ser necessárias de serem refletidas e delas se ocupar, enquanto outras são excluídas. Nesse jogo, surge o binômio identidade-diferença. A identidade sempre foi valorizada (o mesmo), ao invés da diferença. Isto é fundamental no campo das *teorias descoloniais*. É comum ao ser humano desejar a estabilidade e que as coisas continuem as mesmas. E eventual mudança em princípio não pode causar o desconforto de mudar a essência das coisas. Este modo de pensar é aristotélico. A mudança e o movimento das coisas ocorrem, mas elas devem conservar algo de idêntico pelas quais elas são identificadas. As coisas devem conservar algo que permitam ser identificadas ao longo das mudanças. O "mesmo" se choca com a diferença, por isso a diferença é refutada, porque abala a estabilidade. Algo válido tanto para as coisas mundanas, quanto para os indivíduos. Eis o que explica a manutenção da episteme colonial, em parte, mesmo séculos após a efetiva descolonização. A valorização do "caráter" é algo pertinente a este processo, ou seja, precisamos ter características que nos permitem ser reconhecidos ao longo do tempo. Eu sou hoje, o que fui ontem e serei amanhã, e tanto eu quanto os outros confiamos nisso. Isto facilita o trato social. Essa categoria da identidade e da diferença foi submetida a uma revisão crítica no séc. XX. Nós construímos uma visão do mundo e das coisas a partir dessa identidade, por pura conveniência. A diferença se torna fundamental. A diferença e a repetição. O caráter mais convencional da repetição. Campo da necessidade do ver. Vemos o mundo a partir da repetição. Os instantes do tempo são repetições ou diferenças que aparecem na nossa vida. Mesmo quando os instantes aparecem para nos fazer diferentes, ameaçam nos fazer diferentes, nós fazemos um esforço para permanecermos os mesmos. Um ser que vive no tempo acompanha as mudanças qualitativas do tempo.

Por fim, fechando esta forma pós-moderna de discutir a alteridade, o Outro em Jacques Derrida[107] aparece em *L'Écriture et la différence* (1967), e *De la grammatologie* (1967). Compreender a alteridade implica

[106] Estas ideias estão baseadas, sobretudo em Deleuze, Gilles. *Différence et répétition*. 4 ed. Paris: Presses Universitaires de France, 1981.

[107] Ideias condensadas, especialmente, em Derrida, Jacques. *L'Écriture et la différence*. Paris: Éditions du Seuil, 1967.

essencialmente entender a questão do luto. O luto organiza o pensamento para a desconstrução. O luto é uma aporia da relação com a alteridade radical, que se traduz com um desejo de apropriação, desejo inatingível, pois essa alteridade escapa à apreensão. O luto impede qualquer ideia de retorno à origem, qualquer ideal de totalidade e identidade. Traz para si o paradoxo e a aporia (impossibilidade objetiva de ter resposta/conclusão, situação insolúvel). Afeto e processo que se segue a uma perda trazem a ideia de guardar o outro, de o conservar consigo, ao tempo que o desejo de deixá-lo ir. Eis a ideia do luto. Desejo de conservar na memória, desencadeando um processo de interiorização idealizante do outro/apropriação. Recordação, fazendo com que o outro viva em mim, mas fazendo perder aquilo que faz do outro, outro (inacessibilidade). O desejo de "deixar ir" indica um respeito a esta alteridade. Deixar escapar o morto. Luto como afeto mas como trabalho, processo que recupera a alteridade. O luto é a memória interiorizante, a instalação do outro em mim, enquanto recordação. Isso é freudiano (*Luto e Melancolia*), mas ao mesmo tempo se abre o luto para a sua vocação aporética, que se difere em Derrida. Empreende-se um desejo de sustentar com a alteridade uma relação de respeito ao inacessível. A radicalidade da desconstrução como pensamento da alteridade. Para Derrida, o "*l'autre aimé*", deve permanecer outro, devendo nós nos entregarmos e nos sacrificarmos, permitindo à coisa mesma se evadir justo para a manter a salvo. Assim, mostramos o amor que temos pelo outro. Luto impossível, respeito ao outro como um deixar que ele se vá é também uma reafirmação do desejo de apropriação do outro (*il faut bien manger*). Hegel, assim, e sua alteridade do eu pelo outro idêntico é completamente esfacelada pelo luto derradiano, que vê na ausência do Outro a configuração do "si".

Contudo, estes autores, embora tenham ofuscado Hegel e toda a sua matriz fundamental para a teoria do direito e para o direito moderno, ainda assim são autores europeus, pensando a realidade do Outro num contexto muito específico. Coube a dois autores uma verdadeira revisão crítica em direção à descolonialidade: (i) de um lado Judith Butler, especialista originalmente em Hegel, que o descontrói de maneira original pela ideia de assujeitamento foucaultiano e de interpelação althusserliana, algo indispensável quando se quer pensar numa *desmarginalização* do direito; e (ii) de outro Enrique

Dussel[108], este sim a promover verdadeira mudança de perspectiva, e aqui fundamental para discutir o projeto descolonial pela desmarginalização de subjetividades invisibilizadas historicamente. Trata-se de uma visão de resistência teórica latino-americana.

Sobre o tema da constituição do sujeito e do poder, Judith Butler[109] desestabiliza as teorias de Hegel, Nietzsche, Freud, Foucault e Althusser. Butler aponta que esses autores, de diferentes formas, descrevem o sujeito a partir do ato de voltar-se contra si mesmo, numa incorporação culpada da lei que os condena e dessa forma os constitui. Argumenta, em vez disso, que, uma vez que não há sujeito sem o processo de assujeitamento composto pela interpelação, pela culpa e pela adequação à norma, o sujeito vincula-se apaixonadamente à lei e Butler preocupa-se em compreender os espaços de agência e subversão na psiquê para fazer o poder voltar-se contra si mesmo.

Dessa forma, Butler interpreta as noções sobre o sujeito pensadas por Hegel, Nietzsche, Foucault e Althusser à luz das teorias psicanalíticas e freudianas, em busca de uma compreensão sobre o poder que associa a psiquê às possibilidades de subversão da norma. Para ela, o poder age sobre o sujeito por meio de pelo menos duas formas, sendo a primeira delas como o que torna o sujeito possível, ou seja, é uma condição anterior a ele mesmo e, segundo, quando é retomado e reiterado pelo próprio sujeito. No segundo caso, a sujeição é uma subordinação que o sujeito provoca sobre si mesmo. Ou seja, a característica principal do sujeito para Butler é a ambivalência dessas duas condições: o sujeito é tanto o efeito de um poder anterior, quanto condição de possibilidade dessa subordinação.

108 Dussel, Enrique. *De la conquista a la colonización del mundo de la vida (Lebenswelt).* La Paz: Plural, 1994, p. 39-53.; _____. *Eurocentrism.* In.: The invention of the Americas: eclipse of 'the other' and th muth of modernity. New York: Continuum, 1995, p. 18-26.; _____. *Europa, modernidade e eurocentrismo.* In.: A colonialidade do saber: eurocentrismo e ciências sociais e perspectivas latino-americanas (org. Edgardo Lander) Colección Sur Sur, Clacso, Buenos Aires, p. 24-32, 2005.; _____. *Desde el ego europeo: el en-cubrimiento.* In.: 1492: el encubrimiento del otro: hacia el origen del mito de la modernidade. La Paz: Plural, 1994, p. 11.22.; e _____. *Transmodernidad e interculturalidad: una interpretación desde la filosofía de la liberación.* In.: Asociación de Filosofoia y Liberación AFYL, Mexico, p. 1-28, 2005.

109 Estas ideias foram extraídas, sobretudo, de Butler, Judith. *A vida psíquica do poder: teorias da sujeição.* Belo Horizonte: Autêntica, 2020.

Considerar essa ambivalência e o processo de assujeitamento é levar em conta o paradoxo posto pelas possibilidades de subversão do poder. Como agir criticamente em relação ao poder, sendo ele essa lei anterior e constitutiva do sujeito, exercida e reiterada inclusive por ele mesmo? Butler aponta que, para muitos, essa pergunta representa o maior impasse para considerar possibilidades de ação. Ou seja, diante dessa ambivalência do sujeito em relação ao poder, há quem conclua que as formas de dominação capitalista ou simbólica "são tais que nossos atos são desde sempre 'domesticados' previamente"[110]. A essa conclusão, Butler responde que a cumplicidade prévia com a subordinação não significa uma contradição no que caracteriza o sujeito, mas sim que essa ambivalência justamente confirma a possibilidade de agência do sujeito: a subversão é efeito da subordinação, já que o sujeito necessita do poder para constituir-se como tal. Esse processo, embora seja inescapável, não é determinante; é justamente na possibilidade de se desapaixonar pelo poder, rompendo com o processo de assujeitamento de forma a responder criticamente ao poder que a autora enxerga possibilidades subversivas. Butler desenvolve as possibilidades de agência subversiva a partir da interpelação em Althusser. A autora critica a teoria althusseriana ao apontar que o chamado do policial para o transeunte não possui um poder performativo divino de trazer à existência aquilo que nomeia, mas sim o sujeito é formado no ato repetido de ser absolvido da culpa da qual é acusado pela lei. Ou seja, a interpelação do poder gera a culpa e a resposta a esse chamado é uma tentativa de julgar a si mesmo, absolver-se e sujeitar-se ao poder. Porém, como a interpelação do poder age sobre corpos que não respondem a esse chamado de forma adequada ao processo de assujeitamento? Para Butler, as possibilidades performativas críticas e questionadoras do poder estão justamente na forma com a qual esses corpos se voltam à interpelação. Ou seja, em vez de responder apaixonadamente aos termos da interpelação do poder, Butler argumenta pela possibilidade ética e subversiva do ser, justamente na recusa dessa interpelação. Essas considerações abrem portas para pensar o afloramento de uma consciência capaz de romper com o processo de assu-

[110] BUTLER, Judith. *A vida psíquica do poder: teorias da sujeição.* 1ª ed. Belo Horizonte: Autêntica, 2020, p. 26.

jeitamento, de adequação à interpelação apaixonada pelo poder, e indica caminhos para outras formas críticas do ser.

De outro lado, o pensamento de Enrique Dussel decisivamente contribui, na linha do resgate de Celso Luiz Ludwig.[111] Propõe o filósofo argentino a necessidade de superação do método filosófico clássico pela assunção do que denomina de analética – novo método de pensamento crítico integral sobre a realidade humana. Seguindo a linha dos pensadores críticos dos anos 1970, coloca o tema da ética a partir de ferramentas hermenêuticas do pensamento ocidental, porém, desde e para um contexto latino-americano, com vistas a uma proposta de libertação.

Sucintamente, parte Enrique Dussel da ideia da corporidade do ser vivente como modo de realidade, isto é, a vida humana não é apenas um conceito, uma ideia, tampouco um horizonte abstrato, mas o modo de realidade individual, de cada ser humano em concreto, o que é condição absoluta da ética e das exigências de libertação. No entanto, no plano material, o Eu convive obrigatoriamente com o Outro, e muito além da ideia honnethiana da igualdade de reconhecimento, este Outro grita e coloca em questão o próprio Eu. Por isso, não apenas uma categoria filosófica e um critério de discernimento, mas, nesta perspectiva da práxis ético-política, é algo concreto, obrigatoriamente histórico, que interpela o Eu a partir de um lugar empírico. Como consequência, sendo o Outro um corpo, o seu grito é o grito da corporalidade sofrida e seu inevitável clamor de justiça para que não se mate. O Eu, ao dirigir-se ao Outro, compromete a sua autoidentificação de tal modo que esta busca incessante pelo Outro lhe traz um poderoso questionamento de suas bases, de suas certezas, numa espécie de provocação subversiva da mesmice.

Esta visão do Outro leva ao conceito de pedagógica, para expressar a filosofia latino-americana. Longe da pedagogia, ciência do ensino e do aprendizado que pretende investigar a passagem do menino ao pai e da

[111] LUDWIG, Celso Luiz. *Para uma filosofia jurídica da libertação: paradigmas da filosofia, filosofia da libertação e direito alternativo.* Florianópolis: Conceito Editorial, 2006.; ______. *Da ética à filosofia política crítica na transmodernidade: reflexões desde a filosofia de Enrique Dussel.* In: FONSECA, Ricardo Marcelo (Org.). Repensando a teoria do estado. Belo Horizonte: Fórum, 2004, p. 283-325.; e _____. *Filosofia política crítica na transmodernidade – fundamentos.* In: BORGES, Paulo César Corrêa.(Org.). Leituras de um realismo jurídico-penal marginal: homenagem a Alessandro Baratta. São Paulo: NETPDH; Cultura Acadêmica Editora, 2012, p. 215-230.

menina à mãe, essencialmente ideológica, a pedagógica remete ao vetor filosófico que pensa a relação face-a-face do pai com o filho, do político com o cidadão, e o que aqui interessa, do professor com o aluno. Amplia-se a noção de aprendizado e ensino para a perspectiva de "disciplina", e, consequentemente, da convergência e passagem recíproca da erótica e da política. A pedagógica parte do filho, do acadêmico, do lugar erótico para concluir com o adulto na sociedade política, assim como da criança na instituição pedagógica-política, como a cultura, igreja, escola, para concluir seu trabalho no homem ou na mulher formados para a vida erótica fecunda. Em suma, parte e conclui na mesma erótica dos filhos aos pais no âmbito doméstico e na mesma política das crianças na escola ao professor.

Para além desta perspectiva erótico-política da pedagógica que se opera por um novo olhar sobre o ensino, permitindo o olhar sobre o Outro concreto, a filosofia da libertação ultrapassa o plano da pós-modernidade, como simples superação das categorias modernas da tradicional análise cartesiana e hegeliana, para alcançar o plano da transmodernidade, como proposta de libertação social e cultura comum aos países periféricos face o "colonialismo intelectual europeu".

Partindo das premissas marxistas das relações de classe existentes no capitalismo tardio, Enrique Dussel as supera pela analética, criticando o pensamento filosófico essencialmente opressor europeu. Sustenta a passagem na filosofia dos períodos problemáticos aos períodos de hegemonia. Os problemáticos se apresentam em momentos de expressão criativa da filosofia, como o final do séc. XX, quando povos oprimidos periféricos se levantaram contra os antigos colonizadores. Nesse sentido, ao se nascer e viver na periferia, tem-se para a filosofia uma situação privilegiada em relação ao tipo de filosofia que se pode praticar nos centros colonizadores, pois ao invés de opressão e de dominação, pode-se converter num verdadeiro instrumento de libertação.

Procurando ultrapassar as críticas de Karl Otto Appel e Jürgen Habermas, a analética e sua proposta de uma ética de libertação (e aqui é preciso perceber as nuanças das obras de 1973 e 1988) leva a ética a uma efusiva crítica, mostrando sua operatividade prática e a necessidade de superação discursiva tradicional (crítica direta à situação utópica e ideal de fala, inaplicável, segundo ele, à realidade latino-americana) em prol de uma ética de pluralidade principiológica. Questionando o mono principismo da ética herdeira dos gregos, e, logo, a ideia de que há sempre um princípio que justifica qualquer ação como sendo boa) propõe a analética da libertação novas categorias para se pensar a conduta humana. Por isso, cinco aspectos são necessários de serem pensados:

(i) Histórico – a reflexão filosófica e ética não é abstrata, embora assim possa parecer. A filosofia é produto de circunstâncias históricas, concretas e se desenvolve a partir de espaços geopolíticos igualmente materiais, com pretensões de universalização, como a filosofia grega, medieval, moderna, alemã etc. Logo, o mono principismo é produto de uma visão de mundo, de uma ação política e de uma filosofia peculiar, que justifica, segundo Enrique Dussel, história de dominação, como se fez de modo autoritário em relação à periferia.

(ii) Meta-ontologia da alteridade – tendo em vista o que os radicais gregos sugerem respectivamente (ir além, reflexão sobre o ser ocidental e o outro), é necessário que a filosofia pense o Outro mais além do Ocidente, logo, América Latina, África e Ásia, negros, árabes, índios etc. Este Outro é plural, distintamente revelado no mundo material, cujas expectativas de pensamento, de reações e de conduta são inesperadas, logo, não podem ser raciocinadas pela ontologia fenomenológica, mas por planos transcendentais. Esta superação se opera pelo encontro com a alteridade, do encontro com o Outro distinto, um outro ser humano, cuja dignidade exige respeito que é aceita pelo outro eticamente (fato este que não ocorreu com os colonizadores que se depararam com índios e negros, vistos como animais e não humanos, e que até hoje deixa marcas). Neste sentido, ela apresenta as seguintes categorias: (a) proximidade – filosofia como revelação do outro, do encontro com a palavra do outro, do primeiro encontro, algo iniciado desde a tenra idade, pois apenas esta proximidade (que Enrique Dussel chega a manifestar pelo simples abraço familiar) tem o papel de anular distanciamentos espaciais e temporais; (b) totalidade – após o encontro do Outro, a filosofia deve se desligar do ser e do mundo e abrir-se à exploração coletiva da vida, da natureza e do mundo social, regressando, em seguida, à proximidade; (c) mediações – olhar as coisas, os entes, os objetos com vistas a transformá-los e os usar como meios para o desenvolvimento da vida em todas as dimensões humanas; (d) exterioridade – pensamento sobre algo que está além do ser, fora do sistema, uma espécie de filosofia do não-ser, do estranho, do diferente, do incompreensível, algo que não está na totalidade e nem em outro ser humano, mas na própria interioridade, quando se é livre, autônomo, independente (porque não é um objeto, uma coisa, mas sujeito de direitos); (e) alienação – reflexão pela negação do outro humano, do não ético, do reconhecimento e esquecimento do que está além do ser, pela destruição e morte do outro, algo mais além do mundo próprio, coisificado, fruto da manipulação e da exploração que precisa ser revisto; (f) libertação – a partir da consciência ética que escuta quem está mais além do mundo e do sistema, abrindo a totalidade a outros distintos para serem reconhecidos, aceitos, julgando a vida de um pela dos outros e a confirmando pela proximidade (é ela que busca a plena realização da vida dos outros, construindo uma humanidade total de modo ético pela transformação da realidade inumana em humana).

(iii) Práticas de alteridade – nas relações entre os seres humanos, homem-homem, sujeito-sujeito, é necessário, pela concretização de todas as categorias ditas meta-ontológicas, como proximidade, exterioridade etc. que sejam práticas políticas (pensadas no exercício das relações de poder nos espaços públicos), práticas eróticas (pensadas nas relações entre os homens no âmbito da sexualidade), práticas pedagógicas (nas relações educativas, entre pais e filhos, professores e acadêmicos etc.), e prática antifetischistas (nas relações entre os homens e a dimensão do completamente desconhecido).

(iv) "Produtiva" de alteridade – filosofia como capacidade criativa e transformadora do homem a serviço das seguintes distinções ônticas: a natureza – realidade interior do homem, a semiótica – capacidade simbólica do homem, a poética – capacidade de transformar as coisas em objetos culturais; e a econômica – relações de produção, distribuição e consumo, que devem igualmente estar atentas às categorias meta-ontológicas e às práticas de alteridade.

(v) Discurso metodológico – a filosofia da libertação deve estar atenta à necessidade e à pluralidade dos métodos de reflexão da realidade: dialético – pensado pelo ser, todo e parte; analético – salto do ser ao não-ser, do mundo individual ao do outro; prático – pensadas as diversas relações humanas; poético – guia do saber técnico e construtivo; métodos das ciências humanas – essencialmente hermenêutico; ideológico – que alteram a realidade em prol de interesses individuais; e crítico – o que leva aos descobrimentos das negatividades humanas.

Vistos tais aspectos, o principismo da ética europeia deve ser repensado a partir do contexto dos diversos grupos humanos, das diferentes condições sociais, das diversidades histórico-culturais, atento às necessidades próprias e aos anseios igualmente legítimos e válidos, longe do pensamento burguês e seus mitos de unidade, identidade e universalidade. Isto se torna possível a partir da crítica e da analética própria à filosofia da libertação e sua capacidade de auscultar dentro de cada um os propósitos e os valores plurais existentes. Cabe a ela fugir aos principais *usus* e encontrar novos princípios capazes de guiar as condutas humanas, igualmente importantes e obrigatoriamente sopesados por quem os questiona. Uma nova ética da vida latino-americana, aberta à pluralidade. Isto implica afirmar, enfim, na linha da crítica dusseliana, que o agir típico latino-americano deve ser ponderado a partir não de um único critério ético-político universal, mas do princípio da vida – manifesto pela razão político-prática de propiciar e desenvolver a vida humana em comunidade e toda a sua materialidade (momento material); do princípio da democracia – que pressupõe a legitimidade da vida pela participação pública livre e discursiva de sujeitos autônomos (momento formal); do princípio de possibilidade – o qual crê na razão político-instrumental para a realização necessária da vida e da democracia pela existência de condições de possibilidade lógica, empírica, eco lógica, social, política e cultural (momento de facticidade); do princípio do reconhecimento do outro – expresso pela luta da solidarização com as vítimas do sistema e a luta pelo reconhecimento político diante da não-verdade e não-validade da ordem política formal (momento crítico-material); do princípio de organização – em que os atores sociais excluídos assumam democraticamente a organização dos movimentos sociais críticos à ordem vigente (momento crítico-formal); e do princípio da transformação ou da libertação – em que a razão político-libertadora permite a transformação eficaz pela concessão dos meios, desconstruindo estruturas injustas e construindo novas perspectivas sistêmicas (momento crítico de facticidade).

Esta ideia dusseliana nos remete, obviamente, a um dos lugares mais relevantes, e, talvez se poderia dizer o mais importante na descolonização jurídica, que é a "desmarginalização das subjetividades", a partir da recepção das categorias de gênero, raça, etnia, orientação sexual etc. Mas para isso, Foucault nos ajuda a compreender o porquê destas categorias não terem feito parte da racionalidade jurídica, ou, o porquê a construção do "outro" na linha hegeliana se deu nos termos como se tornou tradicional.[112]

As reflexões sobre o *controle social* são tema recorrente na sociologia, na filosofia política, na criminologia etc. Não são poucos os autores que discutiram a forma como o Estado e a Sociedade, por meio de variadas práticas, exerceram poderes sobre as subjetividades. Sem dúvida Michel Foucault, em *A Verdade e as Formas Jurídicas*, aprofundou estas discussões, à medida que, por meio da reflexão sobre o "sujeito de conhecimento" ao longo da história, procurou demonstrar que sua construção não esteve exclusivamente atrelada aos limites do conhecimento, do tempo e do espaço, mas sim às condições políticas e econômicas de existência.

Seu propósito foi mostrar que a ideia de *controle social* tem estratos mais profundos que o mero exercício de práticas estatais declaradamente restritivas de direitos, não só porque presentes sempre nas diversas epistemes históricas, inclusive quando não havia estado, mas porque esteve relacionado à busca pela "verdade", ao "sujeito", ao "conhecimento", e, sobretudo, às "práticas sociais". Para chegar a justificar estas dimensões mais profundas do *controle social*, Foucault faz uma varredura arqueogenealógica da história da "busca pela verdade" (algo que já havia ensaiado na sua aula inaugural do *Collège de France*), discutindo três práticas singulares: a "prova", o "inquérito" e o "exame".

[112] Uma reflexão mais aprofundada sobre estas ideias foucaultianas, a partir dos textos originais, estão em: BORGES, Guilherme Roman. *Michel Foucault: vida e obra do jusfilósofo*. São Paulo: Almedina, 2021. As considerações aqui, no entanto, encontram-se majoritariamente sustentadas em *A verdade e as formas jurídicas*.

A "prova" representa, no exercício do direito grego, em Homero, e do direito germânico, vigente até o séc. XIII na Europa, a busca da verdade, em que os sujeitos conflitantes eram submetidos a uma prova, isto é, a uma luta física ou social, que só vai ser alterada, quando surge a participação de um terceiro na resolução dos conflitos, como visto em Édipo-Rei, de Sófocles. Com a indagação ou o "inquérito", nascidos na Idade Média, surge um novo modo de obtenção de verdade, pois se origina, concomitantemente, uma nova forma de resolver litígios, de se exercer o poder, sem haver, ainda, uma racionalização da prova. Com o Renascimento, o inquérito se torna a forma geral do conhecimento, a Ciência Empírica. Por fim, com o aparecimento do "exame", em substituição ao inquérito, surge um novo modo de obtenção da verdade, concomitantemente a uma nova forma de poder, isto é, um poder disciplinar. O exame surge num contexto em que, no final do séc. XVIII e começo do séc. XIX, Cesare Beccaria e Jeremy Bentham separam o crime dos seus aspectos morais e religiosos. Dessa separação, aparece o entendimento de que não basta mais o simples castigo da infração ou a tortura para a obtenção da verdade, pois o crime gera um dano social, o que impõe uma necessidade de castigar uma infração que futuramente poderia vir a acontecer. Surgem, enfim, novas formas de vigilâncias, em que o exame se qualifica, por excelência, como o modelo ideal de busca da verdade, através do controle, ou seja, da vigilância de algo para ver se cumpre ou não as regras.

O que está por trás de toda esta reflexão foucaultiana sobre estes três modelos de "busca da verdade" é que "as condições políticas, econômicas de existência não são um véu ou um obstáculo para o sujeito de conhecimento, mas aquilo através do que se formam os sujeitos de conhecimento e, por conseguinte, as relações de verdade." Fica claro nas suas conferências que: (i) os sujeitos não foram, ao longo da história, simplesmente determinados pelas práticas sociais, tal como pensava Marx, mas sobretudo, foram constituídos, fundados por práticas de controle e de vigilância (talvez uma influência althusseriana da constituição material dos homens). As práticas sociais não simplesmente determinam material e socialmente o sujeito e seus domínios do saber, mas o constituem como um novo sujeito de conhecimento; (ii) há algo por trás do discurso, ou seja, algo que não se resume a um "conjunto de fatos linguísticos," senão como algo além, como jogos estratégicos de poder, de ação e reação. (A busca pelo caráter ideológico dos discursos). O discurso como exercício de poder, e não meros fatos da linguagem, dotados de regras sintáticas e semânticas; e (iii) por fim, o sujeito fora, desde de Descartes, o centro do saber numa razão moderna, mas que a partir do surgimento da psicanálise, é preciso vê-lo sendo constituído pela história. Há uma determinação histórica do sujeito. Dessa maneira, o sujeito deve ser "fundado e refundado" na história, a partir do discurso (visto enquanto conjunto de estratégias de poder).

A reflexão acaba por sustentar que os sujeitos foram constituídos por práticas históricas, por discursos estratégicos de poder e por pressões sociais. Como o fio condutor esteve sempre na "busca pela verdade", supostamente existente, as práticas judiciárias se mostram úteis e um verdadeiro aparato criativo e extenso para o seu exercício. Em suma, as condições políticas e econômicas formam os sujeitos de conhecimento e as relações de verdade, e as práticas judiciárias são por excelência o lugar deste exercício.

Embora discuta a "prova" na segunda conferência, já que a primeira se dedicou a explicar seu propósito de pesquisa, é na terceira conferência que o "inquérito" aparece e começa a mostrar que as práticas judiciárias alcançam lugares para além da verdade ou da religião, mas, sobretudo, moral. Novas regras de justiça, novas percepções sobre "infração", um novo modelo de gestão social a partir da ideia de que o "Estado exige reparação", fazendo entrelaçar poder e saber judicial: ou seja, o "inquérito" como exercício legítimo do saber pelo poder do Estado. Assim o conhecimento não é algo apenas natural do homem, para o qual ele foi predisposto, ou uma relação de identidade e beatitude, ou, enfim, uma aniquilação de paixões, mas algo imprime uma tensão entre o homem e a natureza, entre o sujeito e o objeto, e, portanto, numa linha nietzscheana, plenamente apto a ser capturado e manejado pelas práticas sociais e estatais. Há, portanto, a constituição do sujeito a partir das práticas judiciárias, uma vez que o conhecimento, os domínios do saber e a verdade são reflexos das relações de poder, da luta instintiva e principalmente, da recíproca repulsa entre sujeito e objeto.

De modo mais específico, a quarta e quinta conferência são essenciais para mostrar a mudança do "inquérito" para o "exame" e, especialmente, a constituição da ideia de "controle social". Na quarta conferência, Foucault procura demonstrar quais as formas de práticas penais que caracterizaram a sociedade do final do séc. XVIII e início do séc. XIX, suas relações inerentes de poder, e conformação dos sujeitos, que permitiu a formação de uma 'sociedade disciplinar'.

A essa sociedade disciplinar, alguns fatores lhes permitirá o surgimento: (i) a infração deixa de ter qualquer relação com a falta moral ou religiosa, pois a falta é uma infração à lei natural, à lei religiosa, à lei moral e o crime ou a infração penal é a ruptura com a lei, lei jurídica; (ii) uma nova noção de criminoso, visto que o criminoso passa a ser visto como um inimigo interno, um indivíduo que no interior da sociedade rompeu com o pacto que havia teoricamente sido estabelecido; (iii) a legislação penal deixa a ideia de utilidade social, para ajustar-se ao indivíduo; e (iv) a insuficiência de uma teoria penal colocada por Beccaria, para assegurar o controle dos indivíduos, demonstra a fragilidade do sistema judiciário, e, por conseguinte, a formação de uma instituição penal que não se resguarda exclusivamente às mãos do poder judiciário, mas a toda uma rede de virtualidade punitivas, como a polícia, as instituições de vigilância e correção, etc.

Para Foucault, com o surgimento do *Panopticon*, que será analisado tantas vezes em outros textos, demonstra-se uma nova espécie de poder, uma idade, consoante as palavras do autor, de "ortopedia social", um poder de controle social, e não simplesmente punitivo, um modelo que ele nomeia de "panoptismo", em que o procedimento pelo qual se buscava saber o que havia ocorrido, através do inquérito, dá lugar ao exame. Neste período, ressalta Foucault, através das *lettres-de-cachet*, ordens do rei a uma pessoa, individualmente, obrigando-a a fazer alguma coisa, acrescenta-se um poder de aprisionar, como forma de punir, mas, sobretudo, de corrigir. É nesse contexto, portanto, em meios aos novos sistemas de controle social, estabelecidos pelo poder, pela classe industrial, pela classe dos proprietários, tomados dos controles de origem popular, resguardada uma vertente autoritária, que surgiu a sociedade disciplinar.

A quinta conferência analisa, um pouco mais a fundo, a questão do panoptismo, isto é, como se demonstra a sociedade atual como uma sociedade panóptica, cujo objetivo é vigiar os indivíduos e sobre eles exercer um poder de punição e recompensa em forma de correção. Essa sociedade, que segundo Foucault se opõe a uma teoria legalista ou social, desenvolvida pelo panoptismo, tem como objetivo primordial a formação e a transformação dos indivíduos em função de algumas normas, para corrigi-los e torná-los corpos dóceis, juntamente com as fábricas, os hospitais psiquiátricos e as escolas.

Trata-se, portanto, de uma *sociedade de controle*, e colonial, por razões já refletidas acima, que exponencia este aspecto e que limita manifestações subjetivas pela imposição de um tipo ideal, que para nós, não apenas não é ideal, como não é latino-americano, e, mais precisamente brasileiro. As práticas jurídicas, nesta linha foucaultiana, contribuem e muito como artefatos vigilantes dos sujeitos, do conhecimento e da moralidade, presente também muito além do Estado. Veja-se, por exemplo, no tema do aborto e todo o saber médico-judiciário-religioso que se opera por meio de práticas de poder numa tentativa astuta, robusta e perigosa de docilização. Eis aqui o lugar de *desmarginalizar subjetividades* e fugir à clausura de um sujeito de direito primordialmente eurocêntrico.

Enfim, tentando por ora concluir as discussões aqui apresentadas, é necessário responder às questões originalmente postas, mas que se tentou de modo indireto e mais detalhado no curso do texto se ir respondendo: "o que é então a interpretação jurídica descolonial?", "como realizar uma interpretação jurídica descolonial?" "em que medida a interpretação jurídica descolonial se difere ou não dos demais estágios hermenêuticos do direito?", "em que momento intelectivo a interpretação jurídica se realiza?"

À medida que uma decisão jurídica, seja ela jurisdicional ou não, precisa ser exarada por quem está no momento, nas condições e com os poderes necessários para emiti-la, além do juízo ético, prático, metódico, legal e constitucional, como já hoje se faz e está devidamente consolidado tal entendimento na mentalidade dos juristas, deve-se fazer um novo juízo, o *"juízo descolonial"*. Houve um tempo em que a ciência do direito se ocupou sobremaneira em definir os limites do que está no âmbito da juridicidade e o do que está fora. O raciocínio cartesiano e em grande medida positivista pretendia consagrá-la a um lugar hipostasiado, estabelecendo, seja por argumento, seja por dogma e critérios, uma moldura do campo da juridicidade: bilateralidade, exterioridade, objetividade, coercitividade, com valores próprios como certeza, segurança previsibilidade, etc. Preenchidos os pressupostos ditos científicos de qualquer acontecimento da vida, o fato passava a integrar o objeto da ciência do direito, e, por certo, haveria de ser refletido e discutido, buscando a sua sistematização e o seu trato pelo *direito oficial*.

Ainda que formalmente a racionalidade jurídica se opere apenas no nível da legalidade e da constitucionalidade, ao menos desde a primazia do pensamento positivista no direito, indiretamente os modelos hermenêuticos anteriores estão presentes, pois sempre um jurista, de modo mais qualificado, mas qualquer um, no âmbito da *doxa*, ao se dedicar a refletir um acontecimento do mundo da vida, inevitavelmente traz nas tramas de seu raciocínio os vestígios dos paradigmas hermenêuticos anteriores. Diante de um conflito que a vida impõe, o jurista, vasculhando em si, em seu reservatório de sentidos (fruto da institucionalização promovida pelas instituições, como família, escola, igreja, estado, etc.) como sentir, pensar, escolher, decidir e agir, fatalmente repassa mentalmente os paradigmas que acompanharam a própria história do direito. Quem há de decidir, decide e age pensando no que seria eticamente adequado (naquele vasto conceito que a "*interpretação ética*" nos legou), no que seria prudente e efetivo (naquele espectro oriundo da "*interpretação prática*" dos romanos), no que seria metódico (porque atento a um modelo sistemático e organizado de decidir, tal os medievais e sua "*interpretação realista*" apresentaram), no que seria rigoroso conforme a lei (tal a "*interpretação científica*" passou a exigir), no que seria constitucional (de acordo com o que a "*interpretação política*" impôs com sua carga axiológica). A decisão jurídica tomada, então, embora se efetive num único ato que englobe todo este raciocínio, desde as pré-compreensões (forjadas pelas instituições e o reservatório de sentidos) até à decisão (em conformidade com o *direito oficial*), como bem Gadamer deixou claro com a união mental dos processos de definição, compreensão e aplicação das *subtilitas*, fato é que mentalmente as transposições dos paradigmas hermenêuticos ocorreu de algum modo no intérprete.

Por exemplo: seria jurídico, e, portanto, aceito nos termos que a normatividade tradicional, de forte cunho eurocêntrico, estabelece, um comportamento como de auto esterilização feita em casa pelo sujeito, mas que gerasse complicações e fosse necessário o internamento hospitalar. Como ficaria a legalidade do internamento? Qual o alcance da cobertura do plano de saúde? Enfim, trata-se de atos, seja da auto lesão provocada, seja da negativa de internamento pelo hospital público, seja a resposta de irresponsabilidade do plano de saúde realmente atos jurídicos? Ou seriam atos a ser refletidos pelo substrato antropológico, religioso, ético, etc.?

Pensando num exemplo concreto e reiterado: o direito à convivência familiar para crianças e adolescentes indígenas é uma garantia constitucional e legislativa para essa população, ao menos tal qual consta no ordenamento jurídico brasileiro. Porém, discriminações étnicas e culturais são eventos tão relevantes que, ao menos no Estado do Mato Grosso do Sul, levam à retirada de crianças e adolescentes do convívio familiar indígena, provocando a ação da Defensoria Estadual no sentido de conscientizar para a garantia desses direitos.[113] Da mesma forma, Rita Segato argumenta sobre o avanço legislativo do Estado repressor que buscou criminalizar excessivamente o infanticídio indígena sob o pretexto de proteção da infância e aponta o "caráter permanentemente colonial do Estado republicano e a colonialidade das instâncias legislativas e judiciais". Na verdade, a antropóloga argentina denuncia a lógica paradoxal dos direitos humanos que busca reconstruir direitos ao mesmo tempo que os destrói pelo processo de colonial modernização.[114]

No texto "Que cada povo teça os fios de sua história: um diálogo tenso com a colonialidade legislativa "dos salvadores" da infância indígena", Rita Segato responde a uma efetiva demanda dos povos indígenas, tal qual prevê sua perspectiva de *antropologia por demanda* (mencionada na apresentação desta tese). No ensaio suscitado pela convocação da antropóloga, em 2007, pela Comissão de Direitos Humanos da Câmara dos Deputados do Congresso Nacional brasileiro, para apresentar um argumento antropológico para explicar o tema do "infanticídio indígena", a autora discorre sobre os argumentos utilizados para informar os parlamentares sobre a votação acerca da criminalização da

[113] A Defensoria Pública Estadual do Mato Grosso do Sul, preocupada com os altos índices de crianças e adolescentes indígenas em situação de acolhimento, assim como com as denúncias de violações de direito dessa população nas instituições, realizou, em 2017, uma série de iniciativas para efetivar direitos, desde a conscientização de agentes públicos até reuniões com lideranças indígenas. Como resultado das ações, o órgão recomendou o fortalecimento das lideranças indígenas e a capacitação de conselheiros tutelares para que considerem a primazia da permanência de crianças e adolescentes em seus lares indígenas. Veja mais em: https://www.defensoria.ms.def.br/imprensa/noticias/740-defensoria-firma-compromisso-com-indigenas-para-garantir-direito-a-convivencia-familiar-de-criancas-e-adolescentes.

[114] SEGATO, Rita. Que cada povo teça os fios de sua história: um diálogo tenso com a colonialidade legislativa "dos salvadores" da infância indígena. In: *Crítica da colonialidade em oito ensaios: e uma antropologia por demanda*. 1ª ed. Rio de Janeiro: Bazar do Tempo, 2021.

prática. No texto, Rita Segato realiza uma análise intensa das práticas indígenas relacionadas à infância e as posturas legislativas e judiciais de, principalmente, repressão. Ela evidencia que os castigos impostos pelo Estado às práticas indígenas são consequência da imposição de um filtro colonial moderno sob a cultura indígena e, sobretudo, decorrem de uma ideia de Estado castigador, que identifica o indígena como o inimigo do direito penal.

Em seu discurso aos parlamentares, relata a perspectiva indígena a respeito da proteção da infância, narrando que o discurso que ensejou a tipificação da conduta é uma invenção midiática que superdimensiona a questão em termos de frequência e sistematicidade comparando a sociedade indígena a todas as outras sociedades humanas. A perspectiva indígena revela uma série de outras questões, tais como a frequência com a qual os "infanticídios indígenas" na verdade são denunciados por agentes religiosos interessados na retirada de crianças da comunidade e sua conversão e que o tema é pautado pela tentativa de apropriação colonial-imperial das riquezas indígenas. Sobretudo, é necessário destacar que o discurso sobre o infanticídio é uma narrativa imposta de fora para dentro do mundo indígena, ambiente no qual essa palavra nem existe tampouco faz sentido (assim a ideia de estupro, no caso citado na *Apresentação* não fazia sentido entre os Guaranis).

Diante dessas denúncias, a antropóloga indica que, uma vez que o homicídio já é crime, a tipificação penal de uma conduta especificamente sobre indígenas seria a reiteração de um preconceito, de um estigma étnico sobre populações historicamente marginalizadas, oriunda de uma suposta proteção à infância que omite a superioridade moral na qual se creem os parlamentares, juízes, etc., endossando o discurso anti-indígenas. Em vez disso, a antropóloga sugere o reforço das próprias comunidades indígenas em benefício próprio, em uma perspectiva de garantia e restituição de direitos aos povos indígenas.

Diante de temas como esses, o jurista reconstrói de modo unitário os capítulos hermenêuticos da história do direito. Há de indagar-se de que modo eu penso, escolho e decido refletir a proteção da "infância indígena" (ou mesmo naquele primeiro exemplo da auto esterilização) chegando a uma "opinião mais justa", ou enquanto uma realização existencial ética minha por pensar de determinada forma (ainda que isso seja inconsciente muitas vezes)? Como esta minha decisão é efetiva, prática e ao mesmo tempo prudente, fundada no caso em concreto? Em que termos meu raciocínio é dedutivo ou indutivo, e, portanto, é metódico e não fruto do acaso, de minhas emoções ou de minha vinculação subjetiva com a questão? Como subsumir esta decisão ao emaranhado legislativo presente no direito oficial? Por fim, a promoção desta escolha e a conclusão deste agir respeita ou não a tecitura dos valores constitucionais?

Por enquanto, o raciocínio se clausura aqui. A filtragem constitucional encerrou a juridicidade científica e institucionalmente aceita pela episteme e o contexto jurídico de hoje. Rita Segato[115], sob outra perspectiva sugere que a resposta mais adequada e eficiente a este problema não deve considerar o binômio particularismo/universalismo, mas sim uma perspectiva francamente pluralista. Segundo ela, a ideia de que o Direito se funda em um conjunto de valores cristalizados e a-históricos deve ser substituída pela ideia de "histórias no plural", considerando a historicidade múltipla de nossas nações.

Eis onde há de operar a *interpretação jurídica descolonial*, e, portanto, numa outra ideia de alteridade: uma *alteridade descolonial*. É sob esse aspecto a necessidade de se fazer uma nova transição, de se estender o juízo do intérprete, numa "*interpretação cultural*" para além do sistema positivo posto e compreender a multiplicidade de histórias que constituem uma nação. Numa espécie de "*juízo de ponderação de segunda ordem*" deve o sujeito empenhado na decisão jurídica efetivar o filtro descolonial e promover mentalmente o *movimento DE*, e, assim: *desterritorializar* o saber jurídico, desvendando possíveis tradições existentes na criminalização do infanticídio indígena; *desconstruir* institutos que incidam no raciocínio a respeito da proteção da infância indígena sem nenhuma verdadeira pesquisa científica, e que sejam estranhos ao modo de ser, agir, viver, manifestar-se das comunidades; *desmistificar* naturalizações epistêmicas que existam, descobrindo eventuais argumentos e raciocínios ignorados no processo hermenêutico anteriormente realizado; *destravar* eventual maneira criativa de aceitar supostas violações à infância indígena como não desconforme à moral, ainda que o seja à moral padrão;

[115] SEGATO, Rita. Que cada povo teça os fios de sua história: um diálogo tenso com a colonialidade legislativa "dos salvadores" da infância indígena. In: *Crítica da colonialidade em oito ensaios: e uma antropologia por demanda*. 1ª ed. Rio de Janeiro: Bazar do Tempo, 2021, p. 204.

desmarginalizar subjetividades que se invisibilizam em práticas proibidas relacionadas à infância indígena; *desestruturar* o direito oficial existente, sejam os artigos da codificação civil ou penal, expondo a nudez de um conservadorismo eurocêntrico ou por vezes mais forte ainda que na Europa, como reforço colonial (tal refletido anteriormente), que numa matriz cristã glorifica a prole em outros termos; *descomparar* possíveis experiências jurídica internas que haja nessa criminalização do infanticídio indígena, e que por vezes possam ser aceitas como tipicamente brasileiras, tais as práticas guaranis, quilombolas etc. (à exemplo do estupro guarani que nos termos da *experiência jurídica guarani* seria uma quebra de protocolo e não estupro); por fim, *desprocessualizar* o processo se houver, buscando em formas outras a resolução do conflito, tal o psiquiatra zimbabuense e o banco de avós.

Enfim, ao realizar a *interpretação cultural* vasculhando coisas nossas, contextos nossos, formas de pensar, agir, refletir, conviver brasileiros, o *intérprete descolonial* vai um pouco além do *intérprete constitucional* (embora lato senso também se coincidam), porque não apenas atesta que a decisão jurídica escolhida, e que há de se manifestar no universo jurídico de algum modo, por meio de um ato particular (contratual, por exemplo), de um ato legislativo, de uma atuação executiva, de uma decisão judicial, de uma lição de sala de aula, está de acordo com o texto constitucional e com o direito positivo, mas porque se integra a um projeto descolonial, superando a episteme eurocêntrica, promovendo o *giro descolonial jurídico* e reconfigurando a experiência jurídica brasileira nos termos livres de ser.[116]

[116] Recentemente houve o caso do avião da Gol Legacy, que em 2006 caiu na terra indígena Capoto-Jarina, em Peixoto de Azevedo (MT), matando 154 pessoas. Em decorrência de um acordo extrajudicial firmado entre Ministério Público Federal e o Instituto Raoni, decidiu-se indenizar os índios da etnia Kayapó que lá residem, porque a terra teria se tornado uma "casa de espíritos". Muito embora o acordo tenha sido interessante para a causa indígena, e o MPF tenha atuado de maneira exemplar na defesa da questão indígena, a decisão jurídica tomada demonstra o despreparo do *direito oficial* para lidar com temáticas que estão para além do sujeito de direito tradicional. A desconstrução dos efeitos danosos aos espíritos que passaram a circundar a região e incomodar os indígenas kayapós por meio de uma indenização monetária implica a resolução de uma questão cultural tipicamente brasileira por meio de um recurso eurocêntrico absolutamente destacado da realidade nacional. Certamente outra decisão haveria de existir que não a conversão em perdas e danos. Seria a

Por fim, quiçá um dia estejamos prontos inclusive para abandonar ou superar as nomenclaturas, as teorias, os modelos, os raciocínios estrangeiros, criando novos nomes, nos institutos, novas abstrações e construir uma experiência intelectual e institucional para o direito brasileiro realmente própria, como um verdadeiro amálgama cultural, com a participação coletiva dos mais amplas e variadas existências individuais e coletivas que aqui se constroem, e, naturalmente, como uma verdadeira síntese histórica de um país secularmente colonial, mas em vias de se descolonizar juridicamente.

indenização uma forma indígena de compensação de atos que lhes geram danos? Um juízo descolonial teria sido indispensável.

9. A DESCOLONIZAÇÃO COMO DESDOBRAMENTO NA "TEORIA CRÍTICA DO DIREITO"

A teoria crítica do direito se construiu de modo claro no Brasil a partir do final dos anos setenta, mas sobretudo oitenta e noventa. Neste trintenário, os autores das propedêuticas jurídicas brasileiras procuraram repensar o modelo tradicional do direito existente no país, marcadamente positivista, burguês, excludente, capitalista etc. Não foram poucos os textos e autores que gastaram seu tempo em compreender as mazelas daquele sistema, apontando inimigos a serem combatidos, problemas a serem expressamente enfrentados, sugerindo novas ideias e novos conceitos. Vê-se, por exemplo, a eclosão de diversos movimentos críticos, aqui e fora, como o Raciovitalismo, o Egologismo, o Culturalismo, o *Critical Legal Studies*, Magistratura Democrática, Direito Alternativo, Direito Achado na Rua, cujas bases mais remotas estavam no antiformalismo conceitual alemão (Oskar Bülov, Eugen Ehrlich e Hermann Kantorowiz), no antiformalismo legal francês (Léon Duguit, François Gény, Maurice Hauriou e Georges Gurvitch), e na Magistratura Democrática e no Cada qual aprofundou as reflexões e apontou para novos passos a serem dados.

No Brasil, o "culturalismo" de Miguel Reale foi o primeiro movimento a propor propriamente a revisão das bases tradicionais da teoria do direito ao pensar o direito como um "objeto cultural". Na linha de Emil Lask, mas também de outros movimentos críticos que vinham se apresentando concomitantemente, o "raciovitalismo" de Luis Recaèns Siches, e o "egologismo" de Carlos Cossio, o culturalismo elege a "cultura" como chave de investigação, como um complexo categorial, que revela sentidos para o conhecimento, apto a realizar a síntese entre idealismo e realismo. A cultura (na marcação germânica de *Kultur*), como era pensada nos anos cinquenta e sessenta por Miguel Reale, possibilitava desde uma função constitutiva (porque o processo cognitivo emergiria da atividade cultural), quanto integradora (choques entre razão e sentimentos; choques entre teorias dos processos cognitivos; choque entre juízos e realidade; incongruência de apreensão do ideal valorativo na vida concreta do homem; choques entre vivências subjetivas e condições objetivas) e, por fim, teleológica do conhecimento. Por isso, os fatores centrais da *Kultur* eram: (i) cultura como *Wertbeziehung* (relação de valores); (ii) cultura como categoria complexa de valores e não meio puro; (iii) cultura como categoria do conhecimento e integradora de antinomias espirituais voltadas aos objetos; (iv) sujeito cultural e objetos estão teleologicamente relacionados; (v) dialética interna ao processo cultural; e (vi) independência da cultura como elemento na ontologia. Estavam assim formados os pontos nodais da teoria crítica do direito.

O movimento brasileiro aparece nos anos oitenta e noventa com uma nova leitura, que não era isolada, porque já se fazia um movimento em outros países. Nos Estados Unidos com C. Summer e A. Hyde, na França com M. Miaille e M. Bourjol, na Itália com P. Barcellona e L. Ferrajoli, na Espanha com J. R. Capella e P. Ibañez, na Alemanha com D. Böhler e W. Paul, na Bélgica com F. Ost e F. Rigaux, em Portugal com B. de Souza Santos e A. M. Hespanha, no México com O. Correas e G. Bensusan, no Chile com E. Novoa Monreal e M. Jacques P., na Colômbia com V. Manuel Moncayo e G. Burgos, na Argentina com C. M. Cárcova e A. Ruiz, seja no Brasil com T. S. Ferraz Júnior, J. E. de O. Campos Faria, L. F. Coelho, L. A. Warat, L. S. Rocha, R. Lyra Filho, J. G. de Souza Júnior, R. Aguiar, A. R. Marques Neto, J. M. Adeodato, C. F. Campilongo e A. Wolkmer, C. L. Ludwig, V. K. Chueiri, R. M. Fonseca, e K. Kozicki etc.

De um modo geral, sobretudo no Brasil, estes autores propõem a recepção de um jurista como reconstrutor e transformador do conhecimento jurídico, a partir da substituição das críticas kantianas pela epistemologia bachelardiana, permitindo à teoria crítica a absorção de novas formas de conhecimento para dentro do discurso jurídico, reformulando então o seu estatuto antropológico. Falava-se naquele momento em "interdisciplinaridade", sobretudo, por isso passava a se recorrer à história, sociologia, ciência política para dialogar com o Direito. Ao mesmo tempo, passavam-se em revista as leituras de Kelsen, e se seguia para além do direito como objeto cultural, especialmente para o lugar em que fosse visto igualmente como espaço de luta e de emancipação social. A teoria crítica, portanto, não admitia mais a secular separação entre teoria e prática, entre ser e dever ser feita pelo modelo kelseniano, passando a admitir uma visão de dialeticidade imanente, de dialeticidade do ser social[117]. Apresenta-se ao direito a obrigatoriedade da *interdisciplinariedade*. Não à toa autores como Luis Alberto Warat[118] recorrem à literatura e à psicanálise, José Eduardo Faria consolida ao lado de Joaquim Falcão a *sociologia do direito* no país em perspectiva transformadora,[119] a história do direito como crítica ao saber dogmática nas mãos de Antonio Wolkmer[120] e Ricardo Marcelo Fonseca, a filosofia do direito com Tercio Sampaio Ferraz Júnior, João Maurício Adeodato, Agostinho Ramalho Neto[121] etc, dentre outros inúmeros autores.

Neste ponto, parece-me que a "descolonização" do direito brasileiro, a "teoria descolonial" não é necessariamente algo radicalmente novo, mas seria possível dizer um desdobramento da teoria crítica, que olha para outros lugares, e aponta outras variáveis que precisam ser revistas.[122] O problema talvez seja sempre o mesmo, mas a face para qual se olha pela "teoria descolonial" seja outra, eventualmente não marcada pelos movimentos anteriores, porque questões mais importantes e relevantes estavam na vanguarda daquele pensamento. Os tempos eram

117 Coelho, Luiz Fernando. *Teoria crítica do direito.* Curitiba: Livros HDV, 1987.

118 Dentre tantos textos, de modo resumido ao lado de Albano Pêpe: Pêpe, Albano Marcos Bastos; Warat, Luís Alberto. Filosofia do direito: uma introdução crítica. São Paulo: Moderna, 1996.

119 Faria, José Eduardo. *Eficácia jurídica e violência simbólica: o direito como instrumento de transformação social.* São Paulo: Edusp, 1988.

120 Wolkmer, Antonio Carlos. *Introdução ao pensamento jurídico crítico.* São Paulo: Saraiva, 1991; Fonseca, Ricardo Marcelo. *Notas sobre a construção de um discurso historiográfico jurídico.* In.: Revista da Faculdade de Direito, Universidade Federal do Paraná, v. 28, n. 28, p. 249-259, 1995.

121 Ferraz Júnior, Tercio Sampaio. *Introdução ao estudo do direito: técnica, decisão, dominação.* São Paulo: Atlas, 1988.; Adeodato, João Maurício. *Filosofia do* direito. São Paulo: Saraiva, 1996.; e Marques Neto, Agostinho Ramalho. *A ciência do direito.* Rio de Janeiro: Forense, 1981.

122 As possibilidades de revisão da teoria crítica estão abertas. Nesse sentido, ver: Lara, Gustavo Dalpupo de. *Experimentalismo institucional como antítese ao conservadorismo da crítica jurídica.* In.: Revista de Ciências do Estado, Belo Horizonte, v. 6, n. 2, p. 1-21, 2021.

outros na política mundial, e os tempos eram outros no Brasil que se consolidava nos anos noventa com um país de exclusões econômicas e sociais. A crise evidente do capitalismo, a globalização que se apresentava impunha aos intelectuais e juristas brasileiros problemas próprios do momento, que ofuscava, talvez, as variáveis que a "teoria descolonial" hoje coloca em xeque.

Não há dúvida de que o modelo constitucional tão bem elaborado nos anos oitenta e efetivado nos anos noventa ainda está longe de ser implementado[123]. Ainda vivemos num mar revolto de uma constituição que ora naufraga e ora emerge como um lugar comum. Obviamente ainda problemas como moradores de rua, população carcerária, sem terras, desempregados etc. continuam como proposições válidas. No entanto, novos problemas apareceram, novas questões surgiram para serem pensadas em razão de movimentos importantes que apareceram, como o próprio movimento descolonial *lato senso*, mas também os movimentos feministas, LGBTQIAP+, de povos autóctones, de minorias étnicas e sociais, de populações tradicionais, historicamente marginalizadas e subalternizadas.[124] Em suma, eis aqui o momento em que a teoria crí-

[123] Nessa perspectiva, autoras como Melina Fachin e Estefânia Barbosa têm trabalho numa espécie de revisão do constitucionalismo, seja a partir seja do "constitucionalismo feminista", seja do "constitucionalismo multinível" Nesse sentido ver: FACHIN, Melina Girard. *Constitucionalismo multinível: diálogos e(m) direitos humanos.* In.: Revista Ibérica do Direito, v. 1, n. 1, p. 53-68, 2021.; e _____. BARBOSA, Estefânia Maria de Queiroz; SILVA, Christine Oliveira Peter da. *Constitutionalismo feminista.* Salvador: Ius Podium, 2018.; e CHUEIRI, Vera Karam de; MOREIRA, Egon Bockmann; CÂMARA, Heloisa Fernandes; GODOY, Miguel Gualano. *Fundamentos de direito constitucional: novos horizontes brasileiros.* Salvador: Ius Podium, 2021, p. 137-142 (cap. 15.).

[124] Um dos autores que tem muito bem explorado o tema em perspectiva descolonial, especialmente levando em conta o papel do Poder Judiciário é Roger Raupp Rios. Sobre o tema, ler, sobretudo: RIOS, Roger Raupp. *Antidiscriminação, discriminação interseccional e discriminação múltipla.* In.: Themis Gênero e Justiça, v. 3, p. 68-84, 2018.; _____. *Concepciones sobre la homosexualidad en las Cortes Constitucionales latinoamericanas.* In.: Revista General de Derecho Constitucional, v. 25, p. 419407, 2017.; _____. *Encruzilhadas da democracia: o 'corpo e a alma da magistratura brasileira' e a 'jurisprudência da homossexualidade'.* In.: Revista USP, v. 1, p. 83-98, 2014.; _____. *Derecho de la antidiscriminación, discriminación interseccional y discriminación múltiple: concepto y relevancia en el Derecho brasileo y en el sistema interamericano de derechos humanos.* In.: Revista General de Derecho Constitucional (Internet), v. 1, p. 1-20, 2014.; _____. *Tramas e interconexões no Supremo Tribunal Federal: Antidiscriminação, gênero e sexualidade.* In.: Revista Direito e Práxis, v. 11, p. 1332-1357, 2020.; _____.; MORAIS, L. S.; FERNANDEZ, G. *O*

tica do direito encontra mais um lugar, talvez, para ser discutida. Se os movimentos supramencionados da teoria crítica social, do movimento do direito achado na rua, do direito alternativo etc.. inauguraram uma forma de pensar contra o *status quo*, quem sabe a "teoria jurídica descolonial" que vem construindo por diversos autores espalhados pelo país pode apontar para novas direções a serem seguidas criticamente no direito e na teoria do direito brasileira.

Estes movimentos tinham, por um lado, as reflexões foucaultianas como pano de fundo[125], mas certamente na Escola de Frankfurt seu principal fundamento. E nisso há uma diferença em relação à teoria descolonial, que busca em autores como Edgardo Lander, Nelson Maldonado-Torres, Walter Mignolo, Ramón Grosfoguel, Santiago Castro-Gómez, Maria Lugones, Susana de Castro e sobretudo Anibal Quijano e Enrique Dussel, suas principais reflexões. Naturalmente, então, seus propósitos, embora não se contradigam, diferenciam-se quanto aos seus fins. Não à toa as citações constantes dos autores da teoria crítica estavam bastante vinculadas à ideia de "emancipação", "tutela emancipatória", algo muito próprio das reminiscências marxistas, e absolutamente necessárias de ser discutidas em "países em desenvolvimento", para se valer de uma categoria referenciadas aos países hoje do Sul Global, nascida lá na Conferência de Bandung.

direito à modificação do registro civil por pessoa transexual: um estudo sobre os discursos jurídicos dos tribunais superiores brasileiros. In. Revista do Instituto de Direito Constitucional e Cidadania, v. 3, p. 35-54, 2019.; ______.; RESADORI, A. H. *Identidades de gênero e o debate étnico-racial no direito brasileiro Autodeclaração como técnica de proteção antidiscriminatória.* In.: Civitas – Revista de Ciências Sociais, v. 18, p. 10-25, 2018.; ______.; ______.: *Autodeclaração e proibição de discriminação: identidades sexuais e de gênero.* In.: Revista da Escola da Magistratura do TRF da 4 Região, v. 9, p. 107-123, 2018.; ______.; SCHAFER, G.; Leivas, P. Direito da antidiscriminação e direitos de minorias: perspectivas e modelos de proteção individual e coletivo. In.: Revista direitos fundamentais & democracia (UniBrasil), v. 22, p. 126, 2017.; ______; RESADORI, A. H.; Leivas, P.; SCHAFER, G. *O Sistema Interamericano de Direitos Humanos e a discriminação contra pessoas LGBTTI: panorama, potencialidade e limites / The Inter-American Human Rights System and discrimination against LGBTTI: overview, potentiality and limits.* In.: Revista Direito e Práxis, v. 8, p. 1545-1576, 2017.

125 Sobre a importância das leituras foucaultianas para a teoria crítica do direito, outro texto se aprofundou mais: BORGES, Guilherme Roman. *Michel Foucault: vida e obra do jusfilósofo.* São Paulo: Almedina, 2020.

No entanto, a teoria descolonial nas ciências sociais e seu giro descolonial (e agora recentemente a "teoria descolonial jurídica" que se tem esboçado por alguns autores) apontam para um olhar até então não profundamente discutido pela teoria crítica que se construiu no Brasil, qual seja, a revisão dos institutos, da racionalidade, da episteme, das categorias de análise, das formas de pesquisa empírica, das pessoas envolvidas no mundo científico, no controle do saber que historicamente marginalizou, subalternizou, excluiu e ignorou pessoas não apenas refutadas pelo capitalismo, mas invisibilizadas historicamente por tais teorias. Os pontos de vista dos quais se pretende partir a teoria descolonial são outros. As lentes de análise da realidade são diversas. Por tanto, como se sustentara acima em vários momentos: não se trata de uma destruição de tudo, mas de uma desconstrução-reconstrução, de uma revisão da forma como olhamos e pensamos os mais simples institutos, como dolo, culpa, responsabilidade, nexo causal, dano, personalidade jurídica, capacidades, modelos de convivência, relações parentais, a partir da multiculturalidade e da plurinacionalidade que fazem parte do país.

Evidentemente, há ainda muitos outros caminhos a explorar. As propostas aqui desenvolvidas carecem, por exemplo, de uma contundente análise do debate racial contemporâneo, assim como dos estudos de gênero e sexualidade. Porém, ao se propor um giro da hermenêutica à interpretação descolonial, o que se quer, enfim, é que estes institutos, a racionalidade jurídica propriamente dita, o modo como pensamos o "direito como norma", a própria forma como interpretamos o direito, os modos de aplicação, de resolução de conflitos, tipicamente eurocêntricos, e, portanto, que partem de um lugar que não é nosso, de uma forma de percepção da realidade que não é a nossa, seja tudo colocado em tons críticos, tudo seja passado pelo "filtro descolonial", seja pensado em que termos, como, de que maneira se coadunam ou não com a realidade brasileira, se são ou não eficientes e aptos a compreender as idiossincrasias de "um povo" que outrora foi formalmente colonial, mas que ainda mantém, "dentro de nós mesmos", as antigas amarras coloniais e um viva idolatria quase pueril por uma suposta superioridade eurocêntrica.

INSINUAÇÕES "CONCLUSIVAS" DESCOLONIAIS

Sem pôr fim ao processo, *quiçá uma fase*, como apontado na introdução deste ensaio, ainda obviamente não se está num momento de propor uma verdadeira superação epistêmica, descolonizada do direito, apresentando outras narrativas, escritas diversas, novos temas e novas argumentações. Há muito debate por ser feito antes.[126] Estamos ainda num primeiro passo, que é o diagnóstico mais preciso desta colonialidade e da neocolonialidade, e, especialmente, da identificação pormenorizada em que esta violência se opera nos mais diversos extratos, como visto, legislativo, judicial e pedagógico. Neste estágio, o reconhecimento e a propositura de mudanças parecem estar na ordem do dia, e um passo prévio indispensável a qualquer desconstrução. É preciso antes promover um "*filtro descolonial*", antes uma "*escuta étnica*", antes um "*movimento DE*". Como, em que termos, de que maneira, até quanto e quando somos colonizados? Como, de que forma, por quais meios esta descolonização pode ser operada? Estas são as questões que hoje a teoria do direito brasileira se coloca. É neste sentido que o título se apresenta: "revisitando a teoria do direito: desconstrução das bases colonizadas do discurso jurídico".

[126] Neste sentido de incitação ao debate, às discussões e ao engajamento colaborativo de pesquisadores a refletir sobre o tema, antes da propositura efetiva de um *decolonial comparative law*, igualmente refletem Ralf Michaels e Lena Salaymeh: MICHAELS, Ralf; SALAYMEH, Lena. *Decolonial comparative law: a conceptual beginning.* In.: Rabels Zeitschrift für ausländisches und internationals Privatrecht, n. 86, p. 169, 2022.

No entanto, talvez se possa apenas ensaiar a título de abrir um debate, de propor um diálogo aos autores da teoria crítica do direito nestas últimas linhas. Algo um tanto pretencioso, pela propositura, mas despretensioso pela fundamentação e segurança nas afirmações. Um exercício estético e ético de descolonização talvez possa ser refletido e predisposto às críticas do leitor. São, portanto, insinuações antes de mais nada, cujo objetivo não é outro senão a crítica.

Se o propósito é descolonizar, quem sabe os autores que deveriam estar escrevendo sobre a descolonização não deveriam ser um e sim vários, justamente aqueles que estão e estiveram à margem da subjetividade jurídica, e, não, certamente, um sujeito homem, estudado, branco, urbano, heterossexual, pai, burguês, magistrado, etc. Os lugares de fala apontam para outro caminho, e qualquer mudança talvez devesse passar por isso.[127] Se Foucault preocupou-se em negar o lugar do autor a favor da escrita, em respeito ao texto, talvez um caminho crítico seja a desconstrução subjetiva e dominante de quem possa escrever a teoria do direito. Vozes diversas precisam ser ouvidas, em alto tom, para sim desconstruírem este lugar de fala da teoria do direito. O que vêem e viram, sentem e sentiram, vivenciam e experimentaram desde um outro lugar que não o meu, coloca-me antes no lugar de narrado do que de narrador, de subjetivado do que de sujeito de direito, e, naturalmente, de teorizado do que teórico do direito. Uma teoria do direito só será realmente descolonial, ao meu ver, se o emissor for "outre". Isto não é uma demagogia acadêmica, mas o reconhecimento de que algo genuinamente novo e erotizado só pode se operar desde este fora, esta dobra autores-texto, deste vórtice (ex)autores.

Mas para além do ponto de partida, a enunciação igualmente se desconstrói se a narrativa for descolonial. Por isso, parece-me desnecessá-

[127] Seguramente o lugar de fala e o rompimento metodológico são pressupostos para a *descolonização,* especialmente porque a erotização do direito o pressupõe. O rompimento metodológico da ossatura tradicional do direito o pressupõe. É preciso um "direito erotizado" para abrir espaço a um "direito descolonial". Ver nesse sentido reflexões feitas sobre a "feminilidade do discurso jurídico" na conclusão da dissertação apresentada à UFPR em 2005, posteriormente publicada: Borges, Guilherme Roman. *O direito erotizado: por um discurso jurídico transgressional.* Curitiba: IFDDH, 2015, p. 223-233 (Conclusão: "O discurso jurídico erotizado como discurso do absurdo: insinuações à feminilidade e ao amadurecimento dogmático").

rio imaginar que um movimento descolonial pressupõe a propositura de uma teoria, como todo o rigor, metódica, sistemática e conclusões "lógicas monotônicas" para ter validade. Não ter uma cadeia de validação normativa, não apresentar dicotomias classificatórias, não estabelecer um rito procedimental teórico, não estabelecer premissas lógicas, não exigir um juízo de causalidade, não categorizar institutos, não divisar posições subjetivas nos atos, fatos e relações jurídicas, enfim, todos estes "nãos", não negam redundantemente o fundamental racional de uma perspectiva descolonial. Como dito outrora, ainda estamos apegados à formalização do conhecimento a partir de uma única ideia de razão, que é a clausura cartesiana e kantiana da modernidade. Descolonizar pressupõe uma revisão da ideia de método por si mesma, aceitando "aporias e segredos" não aceitos pelo Ocidente, e, ainda mais, é preciso "desvendá-los, desvirginá-los, penetrá-los, explicá-los, compreendê-los, prendê-los, aprisioná-los" para não se deixar seduzir pela leitura tradicional ingênua e prepotente.[128]

Não é de hoje na teoria do direito que se questionam os autores sobre as insuficiências das perspectivas institucionais do *direito positivo* e sua insegurança, incerteza e imprevisibilidade de condutas. A fragilidade e a fratura arquetípicas das finalidades do direito, que os autores tradicionais ainda insistem em enumerar nos manuais, como a paz social (*soziale Frieden*), a segurança (*Sicherheit*), o bem-estar coletivo (*soziale Wohlfahrt*), e, de modo decisivo, a justiça (*Gerechtigkeit*)[129] não parece necessariamente uma conquista desta construção teórica "científica". Obviamente, se o ponto de vista for unilateral e favorável ao seu observador, pensadas estas construções pelo lugar do colonizador em comparação aos tempos do estado de poder e de polícia pré-modernos, isto certamente faz algum sentido. No entanto, não há segurança e nem necessariamente superioridade civilizatória se pensadas do lugar do colonizado.

A história jurídica brasileira e seu *etnojuricídio* é o lugar da submissão, da imposição, da pressuposição da barbárie, do esvaziamento ético original. É preciso, em perspectiva descolonial, então, desconstruir esta pers-

[128] Haddock-Lobo, Rafael. *Caminhos, encruzilhadas, porteiras e feitiços para uma filosofia popular brasileira.* In. Comparative Cultural Studies: European and Latin American Perspective, n. 14, 2022, p. 35.

[129] Zippelius, Reinhold. *Das Wsen des Rechts.* München: C. H. Beck,1997.

pectiva epistêmica e superá-la em outros termos. Não se quer um "bom selvagem" nem tampouco uma "romantização da pobreza e da inferioridade", mas um novo olhar. Supor que, sem estas classificações, estas conceituações, estas categoriais, esta "racionalidade jurídica" vindas da herança eurocêntrica e reformuladas pelo neocolonialismo jurídico, não há nada para além é no fundo um dos erros primordiais. Por que realmente precisamos pressupor ser racional divisar dolo eventual e culpa consciente, estado de necessidade e lesão nos negócios jurídicos, prova do ato (*ad probationem tantum*) *vs* da substância do ato (*ad solemnitatem*) na formalidade dos contratos, competência material em sentido estrito e em sentido lato, legitimidade *ad partem* e legitimidade *ad processum*? Até quanto realmente precisamos ser devedores destas categorias? É possível pensar para além? Que elas auxiliam, não há dúvida, mas ignorar que são marcadas por incompreensões absolutas da realidade muitas vezes, e da realidade brasileira ainda é mais prejudicial. Então, porque este apego desmesurado?

Como refletido anteriormente: aos que se vinculam sobremaneira às garantias do acusado no processo penal, por exemplo, a defesa do princípio da legalidade é instransponível, com a qual não se pode, de forma alguma transigir. Legalidade é legalidade e ponto. Mas, de que legalidade se está falando no direito brasileiro? Que sujeito de direito é este efetivamente, e não apenas formalmente, protegido por esta legalidade? Faz algum sentido a sua defesa então intransigente? Porque não esfacelar este raciocínio em prol de outra perspectiva? E se no lugar rediscutíssemos a possibilidade e a liberdade dos juízes em estabelecer uma solução justa para o caso concreto? A exigência de uma coerência argumentativa, fundamentada, e justificada racional, política e emocionalmente, apta a ser controlada, questionada, validada ou invalidada não seria menos hipócrita e mais segura? E se o problema de quem vigiaria os juízes no velho brocardo juvenílico não fosse efetivamente enfrentado e não remediado com uma boa seleção *ab initio*? Concursos menos dogmáticos, menos memorizadores e fastidiosos, e no lugar, uma boa dose de argumentação jurídica, reflexões sobre os contextos fáticos interdisciplinares, coroados com uma boa dose de formação política, histórica, econômica, social e cultural sobre a realidade brasileira?

Quem garante que juízes tecnicamente preparados, no bom domínio das formas, das categoriais, e das memorizações mnemônicas dos efeitos *ex nunc* e *ex tunc*, das categorias da ação etc. realmente "emanam" decisões justas, seguras e satisfatórias concretamente? Estes questionamentos, obviamente, não são de hoje, mas este é um ponto de partida indiscutível, se a produção de uma experiência jurídica descolonial quer-se efetivar. As enunciações só serão diversas se a possibilidade de desconstrução concreta estiver nos horizontes daqueles que atuam em processos judiciais, entre outras questões.

Metaforicamente é possível refletir: o aprendizado de idiomas foi e esteve, durante muito tempo apegado ao rigor da gramática, da sintaxe, sobretudo. As enumerações verbais, a memorização de regras, a repetição exaustiva de fórmulas sempre estiveram nos horizontes deste processo. O bom domínio idiomático pressupunha o debruçar-se quase insano numa única metódica, da qual não se poderia afastar sob pena de vulgarização da língua. O classicismo impunha rejeições e proibições severas se o aprendizado caminhasse por outros lugares. Com isso, percebeu-se com o passar do tempo, que preconceitos linguísticos foram criados, que formas criativas de aprendizado era desincentivadas, que a língua falada, que os acentos na oralidade, que os dialetos foram aniquilados ou marginalizados por ausência de pureza, "beleza" e perfeição. Mas e as formas diversas: o aprendizado via sonoridade, expressão oral, mais dialógico do que metódico? Adaptações foram feitas, colocando a estrutura frasal, a ordem frasal, a classificação de seus elementos etc. num lugar secundário a favor da comunicação, da boa comunicação. Não foi preciso ir muito além para compreender que há pessoas que aprendem mais pelo ritmo e pelos sons do que pela assimilação fastidiosa das regras gramaticais, mais pela visualização do que pela escrita pesarosa. Sendo assim, no que isso importa na descolonização da teoria do direito?

Para além da própria descolonização da língua portuguesa, algo desde muito e talvez originalmente trabalhada pelos linguistas, este processo nos serve a refletir sobre o direito e suas construções teóricas. Quando se fala de descolonizar a teoria do direito se está falando exatamente nisto: não temos como assegurar, se não forem realmente experimentadas novas formas de realizar e pensar a justiça nos casos concretos. Refutar o uso de um direito penal (neo)colonizador, por mais bem elaborado que seja, com suas teorias finalistas, de imputação objetiva etc, ou do direito civil (neo)colonizador e suas teorias de perda de uma chance, de um direito processual (neo)colonizador e suas teorias de cadeia de custódia de provas, não pode recair naquele raciocínio linguístico de que sem tais construções não há língua válida, pura, correta. Imaginar que novas soluções que perpassem por construções não sistemáticas, não metódicas, não procedimentais como as que estamos usualmente acostumados são deteriorações jurídicas é um equívoco de invalidação do direito vivo (valendo-me aqui de expressões já quase seculares na teoria crítica do direito), de manutenção da cegueira teórica do direito à pluridiversidade sociocultural brasileira, de preconceito teórico colonial jurídico.

Não experimentar estas reflexões descoloniais, sob a justificativa de que é mais do mesmo (supondo que a teoria crítica dos anos 80/90 já trabalhou neste sentido plenamente), ou de que é fragilidade teórica diante do rico e astuto arcabouço teórico já existente, é preconceito teórico infundado, porque assente mais em *sensos comuns teóricos dos juristas* do que propriamente na invalidação de suas conclusões. Quem dirá que jovens alfabetizados nos microcomputadores, sem cursos de datilografia, que digitam incansavelmente com seus indicadores, escrevem em velocidade e qualidade inferior em relação aos que gastaram seus tempos nos desanimadores cursos para datilógrafos? Qualquer assertiva sem sustentação, é preconceito, pressuposição, quiçá imaginação arrogante. Estas metáforas nos ajudam a pensar que soluções diversas para os problemas jurídicos brasileiros podem haver, que teorias podem ser forjadas independentemente do caráter centrípeto da episteme eurocêntrica. Por isso, ao invés de gastarmos nos bancos escolares cansativos cinco anos para nos tornarmos tecnocratas, novas formas pedagógicas devem ser efetivamente experimentadas, como dito acima, sem que representem degradações, "quase morais", da boa academia jurídica. Se aos olhos ruibarbosianos *ensinar* por problemas, por decisões, por manifestações vindas de autoridades indígenas, quilombolas, coletivos e grupos sociais; ou aprender caminhando e discutindo ao invés das dos assentos duros e nada ergonométricos das cadeiras escolares; experimentar experiências reais de julgamentos por temáticas no lugar do estudo sistemático e hipostasiado de classificações sobre os mesmos temas; discutir a partir de músicas, contos, poesias, manifestações rupestres, esculturas, formas novas de expressividade normativas; vivenciar o direito a partir de quadros de pintores de rua, de brincadeiras de crianças nas escolas (que certamente estabelecem regras muito bem construídas e eficazes), de jogos de capoeira nas praças, de disputas de repentistas em centros turísticos; etc. pudessem parece e soar estrondosamente despudorados, vulgares, populares, maliciosos, vis e quase boêmios, talvez aos olhos descoloniais outros sentidos haja tão útil quanto uma boa tríade do postulado da proporcionalidade, tão válido quanto uma hierarquização normativa, tão necessário quanto uma classificação de pressupostos processuais de existência e validade.

Quem será tão seguro em afirmar que jogos de capoeira não têm regras; que "afetos, perceptos, multiplicidades, espíritos, orixás, voduns, inquices" pluriversais na tecitura de uma "milonga do direito"[130] não reexiste juridicamente; que as brincadeiras das crianças não têm regras; que as vivências comunitárias e sociais indígenas, quilombolas, cipozeiras, caiçaras não têm regras; que as jocosas rimas repentistas nas disputas não tem regras? E se bem distante se admitir que existam, quem será tão firme em sustentar que não são efetivas, que não são justas, que não úteis e eficientes? Obviamente não está, e isto convém novamente aqui e por fim, reprisar, que contratos telemáticos complexos, que fusões e incorporações societárias sejam por elas regradas, antes que uma argumentação neste sentido procure preconceituosamente rebaixar a níveis não teóricos, quase mágicos, como quiseram os evolucionistas sociais novecentistas a descolonização. A questão é de outra ordem como se tem dito. É imaginar que construções, quando oportunas, necessárias e pertinentes ao amalgama cultural brasileiro, atenta às necessidades peculiares nacionais e às marginalizações históricas da ordem oficial podem ser "levadas a sério", ainda que não sejam direitos no sentido eurocêntrico.

O tom descolonial na teoria do direito é antes provocativo, do que propositivo; antes desafiador do que construtivo; antes desestabilizador do que assertivo. Mais um "saber das matas" do que um saber metódico, menos um desencantamento e mais um reencantamento.[131] Não seguir

[130] Em perspectiva genuinamente descolonial, interessante é o ensaio de Thiago Hoshino: Hoshino, Thiago de Azevedo Pinheiro. *O direito virado no santo: enredos de nomos e axé.* Tese de Doutorado, UFPR, 2020, 368p.

[131] Haddock-Lobo, Rafael. *Caminhos, encruzilhadas, porteiras e feitiços para uma filosofia popular brasileira.* In. Comparative Cultural Studies: European and Latin American Perspective, "Miradas decoloniales a los estúdios socio-antropológicos em Cuba, América Latina y el Caribe", n. 14, p. 31, 2022.

regras lógicas não implica ausência de coerência e coesão argumentativas. Admitir o uso, quando não ofensivo, apagador e silenciador da realidade e das subjetividades brasileiras, das abstrações vindas do Norte Global não implica em falhar enquanto teoria, e, portanto, deixar de ser teoria para ser simples "panfleto". Não se quer, obviamente, uma "pureza imatura e insipiente descolonial". Descolonizar, na linha de um *direito erotizado*, é aceitar que coisas julgadas podem ser desfeitas se no processo de origem crianças não foram devidamente ouvidas; que sentenças condenatórias não traduzidas para estrangeiros podem e devem ser anuladas, ainda que aparentemente "prejuízos" não tenham sido notados; que exames de corpos de delitos devem ser nulificados quando as vítimas forem comunitários de grupos LGBTQI+ examinados sem a presença de um representante adequado do grupo; que audiências de instrução de julgamento podem ser realizadas fora do poder judiciário e quiçá sem a presença de uma autoridade judicial ... enfim, todas argumentações aparente, inicial, insana e assustadoramente estranhas, desconcertantes, como se fossem quase "pecados" jurídicos, quase "reclamos infantis" jurídicos; quase "insultos" imorais jurídicos precisam ser admitidas.

Descolonizar a teoria do direito "talvez", porque realmente não se sabe para aonde o percurso que se inicia seguirá, envolva este campo de incertezas e inseguranças, que mais desconfortam e causam estranhamentos e chocam os pontos de apoio e esfacelam as margens do saber jurídico do que sugerem, respondem e afirmam algo. É uma fissura, uma abertura, uma dobra, um franzido, um estiramento, enfim, um esgarçamento teórico para nos levar a algo diverso do que estamos acostumados, e só.

REFERÊNCIAS

Reflexões pressupostas

ADEODATO, João Maurício. *Ética e retórica – para uma teoria da dogmática jurídica*. 5 ed. rev. e ampl. São Paulo: Saraiva, 2012.

–. *A retórica constitucional – sobre tolerância, direitos humanos e outros fundamentos éticos do direito positivo*, 2 ed. São Paulo: Saraiva, 2009.

–. *Uma teoria retórica da norma jurídica e do direito subjetivo*. 2 ed. São Paulo: Noeses, 2013.

ALEINIKOFF, Alexander. *Constitutional Law in the Age of Balancing*. In.: Yale Law Journal, v. 96, n. 5, p. 943-1005, New Haven, 1987.

–. *Begriff und Geltung des* Rechts. Frankfurt, Karl Alber, 2002.

ALEXY, Robert. *Balancing, Constitutional Review, and Representantion*. In.: International Journal of Constitutional Law, v. 3, n. 5, p. 572-581, 2005.

–. *Theorie der Grundrechte*. Baden-Baden: Verlag Nomos-Verlagsgesellschaft, 1985.

–. *Begriff und Geltung des Rechts*. Frankfurt, Karl Alber, 2002

ALLARD, Julie; GARAPON, Antoine; GROS, Frédéric. *Les vertus du juge*. Paris: Dalloz, 2008.

ATIENZA, Manuel. *El sentido del derecho*. Barcelona: Ariel, 2001.

AUSTIN, John. *The province of jurisprudence determined*. London: John Murray, 1832.

–. *Lectures on jurisprudence or the philosophy of positive law*. London: John Murray, 1869.

BALLESTEROS, Jesús. *Sobre el sentido del* derecho. Madrid: Tecnos, 1984.

BARROSO, Luís Roberto. *Interpretação e aplicação da Constituição: fundamentos de uma dogmática constitucional transformadora*. São Paulo: Saraiva, 2003.

BATIFFOL, Henri. *La philosophie du droit*. Paris: PUF, 1960.

BENTHAM, Jeremy. *A fragment on government*. Cambridge: Cambridge University Press, 1988 [1776].

–. *Introduction to the principles of morals and legislation*. Oxford: Oxford University Press, 1789.

BOBBIO, Norberto. *Teoria dell'ordinamento giuridico*. Torino: G. Giappichelli, 1960

–. *Dalla struttura alla funzione: nuovi studi di teoria del diritto*. Roma: Edizioni di Comunità, 1977.

Borges, Guilherme Roman. *A nova romanística: críticas, indagações, orientações*. Curitiba: IFDDH, 2014.

–. *O direito constitutivo: um resgate greco-clássico do Νόμιμον ἔθος*. Curitiba: IFDDH, 2015.

Böckenförde, Ernst-Wolfgang. *Escritos sobre derechos fundamentales*. Baden-Baden: Nomos, 1993.

Branco, Paulo. *Juízo de ponderação na jurisdição constitucional*. São Paulo: Saraiva, 2009.

Braun, Johann. *Einführung in die Rechtsphilosphie*. Frankfurt: Mohr Siebeck, 2006.

Chevallier, Jacques. *L'ordre juridique*. In.: Jacques Chevallier and Danièle Loschak (eds), Le droit en procès (Paris: Presses universitaires de France 1983.

Chueiri, Vera Karam de. *Constituição radical: uma ideia e uma prática*. Revista da Faculdade de Direito da UFPR, v. 58, p. 25-36, 2013.

–. *Filosofia do direito e modernidade*. Curitiba: J.M., 1995.

–.; Godoy, Miguel G. *Constitucionalismo e democracia: soberania e poder constituinte*. Revista Direito GV, São Paulo, v.6, n.1, p. 159-174, 2010.

–.; Sampaio, Joana. *Coerência, integridade e decisão judicial*. In.: Revista de Estudos Jurídicos Unesp, v. 16, n. 23, p. 367-391, 2012.

Chueiri, Vera Karam de; Moreira, Egon Bockmann; Câmara, Heloisa Fernandes; Godoy, Miguel Gualano. *Fundamentos de direito constitucional: novos horizontes brasileiros*. Salvador: Ius Podium, 2021.

Ciaramelli, Fabio. *Istituzioni e norme*. Torino: g. Giappichelli, 2009.

Coelho, Luiz Fernando. *Teoria da ciência do direito*. São Paulo: Saraiva, 1974.

Coleman, Jules; Feinerg, Joel. *Philosophy of law*. Belmont: Thomson/ Wadsworth, 2004.

Del Vecchio, Giorgio. *I presupposti filosofici della nozione del* diritto. Bologna, Zanichelli,1923.

–. *Il concetto del diritto*. Bologna, Zanichelli,1906.

Dworkin, Ronald. *Taking Rights Seriously*. Massachusetts: Harvard University Press, 1977.

–. *Law's Empire*. Massachusetts: Harvard University Press, 1986.

Dutra, Deo Campos. *Da ortodoxia à crítica: teorias da comparação jurídica*. In.: Revista Brasileira de Direito, Passo Fundo, v. 14, n. 1, p. 189-211, jan-abr 2018.

–. *Situando o traço: uma proposta filosófica para a teoria da comparação jurídica*. Direito e Praxis, Rio de Janeiro, v. 9, n. 3, p. 1221-1248, 2018.

–. *Transplantes jurídicos: história, teoria e crítica no direito comparado*. In.: Revista da Faculdade de Direito da UFRGS, n. 39, p. 77-96, 2018.

Ely, John. *Democracy and Distrust*. Cambridge: Harvard University Press, 1980.

Fachin, Luiz Edson. *Diálogos entre Direito e Antropologia: primeiras aproximações interdisciplinares*. In.: Revista Trimestral de Direito Civil, v. 41, p. 225-237, 2010.

FARALLI, Carla. *La filosofia del diritto contemporanea*. Roma: Laterza, 2006.

FERRAZ JÚNIOR, Tercio Sampaio. *Ars judicandi e senso de* justiça. In.: Boletim da Faculdade de Direito de Coimbra, 2008.

–. *A ciência do direito*. 2 ed. São Paulo: Atlas, 1995, 111 p.

–. *Introdução ao estudo do direito: técnica, decisão, dominação*. 2 ed. São Paulo: Atlas, 1994, 368p.

–. *A dimensão social da democracia*. Digesto Econômico, v. 35, n. 263, p. 41-48, set./out. 1978.

–. A opção entre os sistemas. Carta: Falas Reflexões Memórias, n. 6, p. 203-205, 1993.

–. *Constituição brasileira e modelo de estado: hibridismo ideológico e condicionantes históricas*. Cadernos de Direito Constitucional e Ciência Política, v. 5, n. 17, p. 38-49, out./dez. 1996.

–. *Constituição e ideologia*. Constituição e Constituinte. São Paulo: Revista dos Tribunais, 1987, p. 29-36.

–. *Função social da dogmática jurídica*. São Paulo: Limonad, 1998, 205p.

–. *Institucionalização da violência*. Ciência Penal, v. 6, n. 1, p. 93-104, 1980.

–. *Teoria da norma jurídica: ensaio de pragmática da comunicação normativa*. 3 ed. Rio de Janeiro: Forense, 1999, 181p.

FINNIS, John Mitchel. *Natural Law and Natural Rights*. Oxford: Oxford University Press, 1980.

FONSECA, Ricardo Marcelo. *Notas sobre a construção de um discurso historiográfico jurídico*. In.: Revista da Faculdade de Direito, Universidade Federal do Paraná, v. 28, n. 28, p. 249-259, 1995.

FORSTHOFF, Ernst. *Die politischen Parteien im Verfassungsrecht*. Frankfurt: Mohr Siebeck, 1950.

GADAMER, Georg-Hans. *Wahrheit und Methode*. Tübingen: Mohr Siebeck, 1960.

GARCÍA, Pedro. *El tránsito del positivismo jurídico al positivismo jurisprudencial en la doctrina constitucional*. In.: Teoría y realidad constitucional, n. 1, p. 65-88, 1998.]

GSCHIEGL, Stephan. *Politik und Recht*. Wien: Facultas Verlags und Buchhhandlung, 2013.

GODOY, Miguel Gualano de. *Constitucionalismo e democracia*. São Paulo: Saraiva, 2012.

GRAU, Eros. *Interpretação e aplicação do direito*. 5 ed. São Paulo: Malheiros, 2009.

GRIMM, Dieter. *Proportionality in Canadian and German Constitutional Jurisprudence*. In.: University of Toronto Law Journal, n. 57, p. 383-397, 2007.

HABERMAS, Jürgen. *Faktizität und Geltung*. Berlin: Suhrkamp,1992.

HEGEL, Georg Wilhelm Friedrich. *Vorlesungen über die Philosophie der Geschichte*. Berlin: Duncker und Humblot, 1837.

HEIDEGGER, Martin. *Sein und Zeit*. In.: (Hrsg.) von Friedrich-Wilhelm v. Herrmann 2. Auflage, Frankfurt: Vitorio Klostermann 2018. [1927].

HERVADA, Javier. *Qué es el derecho?* Pamplona: Eunsa, 2002

HOERSTER, Norbert. *Was ist Recht?*. München: C. H. Beck, 2006.

HORN, Christoph. *Einleitung* [zu II. Spätantike und Mittelalter], in: ders./Nico Scarano (Hg.), Philosophie der Gerechtigkeit. (Texte von der Antike bis zur Gegenwart), Frankfurt/M.: Suhrkamp, 91-105, 2002.

HORSTER, Detlef. *Rechtsphilosophie.* Sttütgart: Reclam, 2014.

HUSSERL, Edmund. *Die Idee der Phänomenologie.* Hamburg: Felix Meiner, 1907.

–. *Die Lebenswelt: Auslegungen der vorgegebenen Welt und ihrer Konstitution.* In v. 39, Dordrecht: Springer, 2008. [1916-1937].

JELLINEK, Georg. *System der subjektiven öffentlichen Rechte.* Freiburg: Akademische Verlagsbuchhandlung von J. C. B. Mohr,1892.

KANT, Immanuel. *Die Metaphysik der Sitten.* In.: Werke in zehn Bänden, v. VII, (org Weschedel Darmstadt), Berlim, 1983, p. 303-634.

KELSEN, Hans. *What is justice? Justice, law, and politics in the mirror of science.* Collected essays. New Jersey, The Lawbook Exchange, 2013.

KOLLER, Peter. *Theorie des Rechts: Eine Einführung.* 2 ed. Böhlau: Verlag, 1997, p. 44

KOZICKY, Katya. *Democracia deliberativa.* In: Revista da Faculdade de Direito da UFPR, Curitiba, v. 41, p. 43-57, 2004.

–. *O problema da interpretação do direito e a justiça na perspectiva da desconstrução* In.: O que nos faz pensar, v. 14, n. 18, p. 145-164, 2004.

–.; BARBOZA, Estefânia Maria de Queiroz. *Jurisdição Constitucional brasileira: entre Constitucionalismo e Democracia.* Revista Sequência, n. 56, p. 151-176, jun. 2008.

LAPORTA, Francisco. *El imperio de la ley.* Madrid: Trotta, 2007.

–. *Lecciones propedéuticas de filosofía del derecho.* Pamplona: Eunsa, 1992.

LARA, Gustavo Dalpupo de. *Experimentalismo institucional como antítese ao conservadorismo da crítica jurídica.* In.: Revista de Ciências do Estado, Belo Horizonte, v. 6, n. 2, p. 1-21, 2021.

MACEDO JÚNIOR, Ronaldo Porto. *Do xadrez à cortesia.* São Paulo: Saraiva, 2013.

–. *Ensaios de teoria do direito.* São Paulo: Saraiva, 2013.

MACHADO, João Baptista. *Introdução ao direito e ao discurso legitimador.* Coimbra: Almedina, 2000.

MAMAN, Jeannette Antonios. *Contribuição para o pensamento jurídico brasileiro* (Tese DFD/USP) 1996.

MARANHÃO, Juliano. *Estudos sobre lógica e direito.* São Paulo: Marcial Pons, 2013.

–. *Lógica e ontologia das normas jurídicas.* In.: Revista Brasileira de Filosofia, v. 233, p. 7-36, 2009.

–. *Lógica formal e lógica material dos juristas.* In.: Cadernos Direito GV, v. 6, p. 113-132, 2009.

MARQUES NETO, Agostinho Ramalho. *A ciência do* direito. Rio de Janeiro: Forense, 1981.

MAUS, Ingeborg. *Justiz als gesellschaftliches Über-Ich – Zur Funktion von rechsprechung in de 'vaterlosen Gesellschaft'.* In: Faulstich, Werner e Grimm, Gunter E. (orgs.). Stürzt der Götter? /M.: Suhrkamp, 1989.

MAXIMILIANO, Carlos. *Hermenêutica e aplicação do direito.* Rio de Janeiro: Forense, 1924.

MIAILLE, Michel. *Introdução crítica ao direito.* 3 ed. Lisboa: Estampa, 2005.

OTFRIED, Höffe. *Gerechtigkeit als Tausch? Zum politischen Projekt der Moderne.* Baden-Baden: Nomos Verlag, 1991.

OST, François; KERCHOVE, Michel Van de. *Le système juridique entre ordre et* désordre. Paris: PUF, 1988.

PALOMBELLA, Gianluigi. *Filosofia del diritto.* Padua: CEDAM, 2005.

PÊPE, Albano Marcos Bastos; WARAT, Luís Alberto. *Filosofia do direito: uma introdução crítica.* São Paulo: Moderna, 1996.

RADBRUCH, Gustav. *Rechtsphilosophie.* Leipzig: Verlag von Quelle und Meyer, 1932.

–. *Fünf Minuten Rechtsphilosophie.* In.: Rhein Neckar Zeitung, 12.09.1945.

–. *Gesetzliches Unrecht und übergesetzliches Recht.* In.: Süddeutsche Juristen-Zeitung, Mohr Siebeck, v. 1, n. 5, p. 105-108, 1946.

REALE, Miguel. *Teoria Tridimensional do Direito.* São Paulo: Saraiva, 1968.

RODRIGUES, Horácio Wanderlei. *Ensino jurídico: Saber e poder.* São Paulo, Acadêmica, 1988.

ROMANO, Santi. *L'ordinamento giuridico.* Firenze: Sansoni, 1918.

SCHAUER, Frederick. *Balancing, Subsumption, and the Constraining Role of Legal Text.* In.: Law and Ethics of Human Rights, v. 4, n. 1, 2009.

SCHLINK, Bernhard. *Proportionality in Constitutional Law.* Lectures in Duke University (in https://www.youtube.com/watch?v=MzOvVEtR0Tk).

SERBENA, Cesa Antonio. *Teoria da derrotabilidade.* Curitiba: Juruá, 2011.

SOUZA JÚNIOR, José Geraldo. *Para uma crítica da eficácia do direito.* Porto Alegre: Fabris, 1984.

–.; SILVA JÚNIOR, Gladstone Leonel da. *O constitucionalismo achado na rua a partir da América Latina: elementos iniciais.* In.: Sociologia do novo constitucionalismo latino-americano: debates e desafios contemporâneos. (Org. Gustavo Menon, Maurício Palma e Douglas Zaidan) São Paulo: Edições EACH-USP, p. 15-29, 2022.

STRECK, Lenio Luiz. *Jurisdição constitucional e hermenêutica: uma nova crítica do direito.* 2. ed. Rio de Janeiro: Forense, 2004.

–. *Hermenêutica jurídica e(m) crise: uma exploração da construção do direito.* Porto Alegre: Livraria do advogado Editora, 2014.

VILANOVA, Lourival. *As estruturas lógicas e o sistema do direito positivo.* 4. ed. São Paulo:

–. *Causalidade e Relação no Direito.* 2. ed. São Paulo: Saraiva, 1989.

–. *Escritos Jurídicos e Filosóficos.* v. I e II. 1. ed. São Paulo: Axis Mundi: IBET, 2003 WACK

WARAT, Luis Alberto. *A ciência jurídica e seus dois maridos: fragmentos de uma expedição pelo direito, pela ciência e outros lugares de arrogância.* Santa Cruz do Sul: Faculdades Integradas de Santa Cruz do Sul, 1985.

–. *Educación y derecho.* In: Epistemologia e ensino do direito: o sonho acabou. v. 2. Org. Orides Maezzaroba et alli. Florianópolis: Fundação Boiteux, 2004, p. 361-372.

–. *Interpretación de la ley: poder de las significaciones y significaciones del poder.* In: Surfando na pororoca: o ofício do mediador. v. 3. Org. Orides Maezzaroba et alli. Florianópolis: Fundação Boiteux, 2004, p. 395-423.

–. *Introdução geral ao direito: a epistemologia jurídica da modernidade.* v. 2 Porto Alegre: Fabris, 1995.

–. *Introdução geral ao direito: interpretação da lei e temas para uma reformulação.* v. 1 Porto Alegre: Fabris, 1994.

–. *Introdução geral ao direito: o direito não estudado pela teoria jurídica moderna.* v. 3 Porto Alegre: Fabris, 1997.

–. *Mitos e teorias na interpretação da lei.* Porto Alegre: Síntese, 1979.

–. *O direito e sua linguagem.* 2 ed. Porto Alegre: SAFE, 1995.

–. *O outro lado da dogmática jurídica.* In.: Teoria do direito e do estado. (org. Leonel Severo Rocha) Porto Alegre: SAFE, 1994, p. 81-95.

–. *O sentido comum teórico dos juristas.* In.: A crise do direito numa sociedade em mudança. (org. José Eduardo Faria) Brasília: Editora UnB, p. 31-42.

–. *Saber crítico e senso comum teórico dos juristas.* In: Epistemologia e ensino do direito: o sonho acabou. v. 2. Org. Orides Maezzaroba et alli. Florianópolis: Fundação Boiteux, 2004, p. 27-34.

WEBER, Max. *Die "Objektivität" sozialwissenschaftlicher und sozialpolitischer Erkenntnis.* In.: Max Weber, Gesammelte Aufsätze zur Wissenschaftslehre. (Hrsg. Winckelmann, J.) Tübingen: J. C. Mohr-Paul Siebech, p. 146-214, 1982.

ZANNONI, Eduardo. *Crisis de la razón jurídica.* Madrid: Astrea, 1980.

ZIPPELIUS, Reinhold. *Das Wsen des Rechts.* München: C. H. Beck,1997.

–. *Einführung in das Rrecht.* Heidelberg: C. F. Müller UTB, 2008.

–. *Juristische Methodenlehre.* München: C. H. Beck, 2006.

Reflexões descolonais

ALMEIDA, Silvio Luiz de. *Crítica da subjetividade jurídica em Lukács, Sartre e Althusser.* In.: Direito e Praxis, v. 7, n. 4, p. 335-364, 2016.

–. *O que é racismo estrutural.* Belo Horizonte: Letramento, 2018.

ARAÚJO, Sara. Constitucionalismo moderno, pluralismo jurídico y desperdicio de experiencia. In.: *Descolonizando el constitucionalismo: más allá de promesas falsas o imposibles.* (A., Sara; S., Boaventura; A. Orlando orgs.) Cidade do Mexico: Aka, p. 135-159, 2021.

–. SANTOS, Boaventura de Souza; ARAGÓN ANDRADE, Orlando. (orgs.) *Descolonizando el constitucionalismo: más allá de promesas falsas o imposibles.* Cidade do Mexico: Aka, 2021.

ARVIN, Maile; TUCK, Eve; MORRILL, Angie. *Decolonizing feminism: challenging connections between settler colonialism and heteropatriarchy.* In.: Feminist Formations, v. 24, n. 1, p. 8-34, 2013.

BAGGENSTOSS, Grazielly Alessandra. *A subjetividade jurídica e o pacto heterocisnormativo*. In.: Revista Eletrônica Direito e Sociedade, Canoas, v. 9, n. 2, p. 105-119, 2021.

BALLESTRIN, Luciana. *América Latina e o giro decolonial*. In: Revista Brasileira de Ciência Política, n. 11, Brasília, p. 89-117, maio-ago 2013.

–. *Feminismos subalternos*. In. Revista Estudos Feministas, a. 3, n. 25, Florianópolis, p. 1035-1054, set-dez 2017.

–. *Feminismo de(s)colonial como feminismo subalterno latino-americano*. In.: Revista Estudos Feministas, v. 28., n. 3, p. 1.-14, 2020.

BARKER, Joane. *Decolonizing the mind*. In.: Rethinking Marxism, n. 2, v. 30, p. 208-231, nov. 2018.

BARTHOLOMEW, Jake. M. *Decoloniality and decolonizing critical theory*. In.: Constellations, p. 1-12, 2018.

BAXI, Upendra. The colonialist heritage. In.: *Comparative legal studies: traditions and transitions*. (Pierre Legrand and Roderick Munday org). Cambridge: Cambridge University Press, p. 45-75, 2003.

BERNARDINO-COSTA, Joaze. *Decolonialidade, Atlântico Negro e intelectuais negros brasileiros: em busca de um diálogo horizontal*. In.: Sociedade e Estado, UnB, v. 33, p. 117-135, 2018.

–.; GROSFOGUEL, Ramón. *Decolonialidade e perspectiva negra*. In.: Sociedade e Estado, UnB, v. 31, p. 15-24, 2016.

–.; TORRES, Nelson Maldonado; GROSFÓGUEL, Ramón. (Org.). *Decolonialidade e Pensamento Afrodiaspórico*. 2 ed. Belo Horizonte: Autêntica, 2019, 365p.

BHABHA, Homi. *A questão do 'outro': diferença, discriminação e o discurso do colonialismo*. In.: BUARQUE DE HOLLANDA, Heloísa. *Pós-modernismo e política*. Rio de Janeiro: Rocco, 1991, p. 177-203.

–. *The location of culture*. London: Routledge, 1994.

BORGES, Juliana. *O que é encarceramento em massa?* Belo Horizonte – MG: Letramento: Justificando, 2018.

BORGES, Guilherme Roman. *A estrutura escalonada da ordem jurídica: da sua leitura tradicional à sua revisão em tempos descoloniais no Brasil*. In.: 60 anos da segunda edição da teoria pura do direito. Valterlei Costa e Maurício Timm (org.), São Paulo: Almedina, 2021.

–. *Decolonizing brazilian legal theory*. In.: Max Plank Research Paper, Heidelberg, n. 15, 2020.

–. *Juízes de sangue: reflexões sobre direito, moral, direitos humanos em tempos descoloniais*. In.: Revista do Mestrado em Direito da UCB, v. 16, n. 2, p. 01-27, 2022.

–. *Interpretação descolonial do direito brasileiro: dos paradigmas exegéticos tradicionais eurocêntricos ao movimento descolonial*. In.: Sociologia do novo constitucionalismo latino americano: debates e desafios contemporâneos. (Org. Gustavo Menon, Maurício Palma e Douglas Zaidan) São Paulo: Edições EACH-USP, p. 237-286, 2022.

–. *O direito erotizado: por um discurso jurídico transgressional*. Curitiba: IFDDH, 2015.

–. *O papel do poder judiciário na descolonização do direito brasileiro: pensando possibilidades.* In.: Orlando Villas-Boas Filho (org.). Os estudos sociojurídicos e os dilemas da administração da justiça: desafios atuais ao poder judiciário. São Paulo: Eseni, 2021, v. 1, p. 1-20.

–. *O vigor da sociodiversidade em tempos descoloniais no Brasil.* In.: Quarentena Saudável – Intranet Justiça Federal do Paraná, Pertenser, Curitiba, p. 1-3, n. 17, jun 2020.

–. *Teoria do direito: primeiras reflexões.* São Paulo: Almedina, 2020, 363p.

–; PARIS, Mariana Silvino. *La légalité au service de l'exclusion: l'eugénisme en (re)construction au Brésil.* In.: L'actu vue par D&S – Droit et Société, Paris, 16.07.21. (https://ds.hypotheses.org/8936).

BORGES, Clara Maria Roman.; ABREU, Ana Cláudia da Silva. *As vozes silenciadas nas denúncias de feminicídio no Estado do Paraná para um olhar descolonial sobre o sistema de justiça criminal.* In.: Argumenta Journal Law, n. 35, pp 19-49, jul.-dez., 2021.

BRAGATO, Fernanda. *Human Rights and Eurocentrism: an analysis from the Decolonial studies perspective.* The Global Studies Journal, v. 5, p. 49-56, 2013.

–. Para além do discurso eurocêntrico dos direitos humanos: contribuições da descolonialidade. In.: Novos Estudos Jurídicos (Online), v. 19, p. 201-230, 2014.

–.; ALVES, V. C. S. F. *Indícios de descolonialidade na Análise Crítica do Discurso na ADPF 186/DF.* Revista Direito GV (online), v. 13, p. 949-980, 2017.

–. GORDON, L. R. *Geopolitics and Decolonization: Perspectives from the Global South.* 1. ed. London/New York: Rowman & Littlefield International, 2018. v. 1. 256p.

CASTILLO, Rosalva A. H. Hacia *La construcción de un feminismo decolonial.* REVISTA COM LA A, n.24, 2013.

CASTRO, Susana de. *"Aposta epistêmica": o feminismo descolonial de Yuderkys Espinosa Miñoso.* Revista Ideação, Anpof, São Paulo, n. 42, p. 86-93, jul-dez 2020.

–. *Origem e ideias centrais: as mulheres negras e trabalhadoras nunca fizeram parte da pauta tradicional do feminismo em favor do direito ao trabalho e à vida pública.* Revista Cult, São Paulo, a. 23, edição 262, p. 29-34, out. 2020.

CASTRO-GÓMEZ, Santiago. *Ciências sociais, violência epistêmica e o problema da 'invenção do outro'.* In.: A colonialidade do saber: eurocentrismo e ciências sociais e perspectivas latino-americanas (org. Edgardo Lander) Colección Sur Sur, CLACSO, Buenos Aires, p. 80-87, 2005.

–. *Decolonizar la universidad: la hybris del punto cero y el diálogo de saberes.* In.: El giro decolonial: reflexiones para una diversidad epistémica más allá del capitalismo global. (org. Santiago Castro-Gomez e Ramón Grosfoguel) Bogotá: Siglo Del Hombre Editores, p. 79-91, 2007.

–. *La hybris del punto cero: ciencia, raz e ilustración en la nueva granada (1750-1816).* Bogotá: Pontificia Universidad Javeriana, 2005, p. 20-61.

–.; GROSFOGUEL, Ramón. *Prólogo: giro decolonial, teoría crítica y pensamiento hierárquico*. In.: El giro decolonial: reflexiones para una diversidad epistémica más allá del capitalismo global. (org. Santiago Castro-Gomez e Ramón Grosfoguel) Bogotá: Siglo Del Hombre Editores, p. 9-24, 2007.

CÉSAIRE, Aimé. *Discours sur le colonialismo*. Paris: Présence Africaine, 1955.

CLASTRES, Pierre. *De l'Ethnocide*. In. *Encyclopaedia Universalis*, Paris, Éd. Universalis, 1974. (que republicado em *Recherches d'anthropologie politique*, Paris, Seuil, 1980.)

CONSTANTINO RIBEIRO, B.; SPAREMBERGER, R. F. L. *Os direitos humanos e as perspectivas construcción de Otra economía*. Otra Economía, v.3, n.4, p.46-65, 2009.

DROZ, Bernard. *Histoire de la décolonisation au XXe siécle*. Paris: Points, 2006. (ler especialmente "Introduction").

DUSSEL, Enrique. *De la conquista a la colonización del mundo de la vida (Lebenswelt)*. La Paz: Plural, 1994, p. 39-53.

–. *Eurocentrism*. In.: The invention of the Americas: eclipse of 'the other' and the myth of modernity. New York: Continuum, 1995, p. 18-26.

–. *Europa, modernidade e eurocentrismo*. In.: A colonialidade do saber: eurocentrismo e ciências sociais e perspectivas latino-americanas (org. Edgardo Lander) Colección Sur Sur, CLACSO, Buenos Aires, p. 24-32, 2005.

–. *Desde el ego europeo: el en-cubrimiento*. In.: 1492: el encubrimiento del otro: hacia el origen del mito de la modernidade. La Paz: Plural, 1994, p. 11.22.

–. *Hipótesis para el estudio de Latinoamérica en la historia universal*. Chaco: Resistencia, 1966.

–. *La dialéctica hegeliana*. Mendonza: Ser y Tiempo, 1972.

–. *Transmodernidad e interculturalidad: una interpretación desde la filosofía de la liberación*. In.: Asociación de Filosofoia y Liberación AFYL, Mexico, p. 1-28, 2005.

DOS ANJOS, Priscila Caneparo. *A emergência de um (não tão) novo direito: a importância da autodeterminação dos povos frente às minorias*. In.: Sociologia do novo constitucionalismo latino-americano: debates e desafios contemporâneos. (Org. Gustavo Menon, Maurício Palma e Douglas Zaidan) São Paulo: Edições EACH-USP, p. 30-52, 2022.

DUTTA, Aniruddha; ROY, Raina. *Decolonizing transgender in India*. In.: TSQ: Transgender Studies Quarterly, v. 1, n. 3, p. 320-337, aug 2014.

ESCOBAR, Arturo. *Mundos y conocimientos de otro modo: el programa de investigación de modernidad/colonialidad latinoamericano*. Revista Tabula Rasa, n. 1, p. 51-86, enero-diciembre 2005.

ETHERINGTON, Ben. *An answer to the question: what is decolonization? Frantz Fanon's The Wretched of The Earth and Jean-Paul Sartre's Critique of Dialectical Reason*. In.: Modern Intellectual History, v. 1, n. 13, p. 151-178, 2016.

FACHIN, Melina Girard. *Constitucionalismo multinível: diálogos e(m) direi-*

tos humanos. In.: Revista Ibérica Do Direito, v. 1, n. 1, p. 53-68, 2021.

–. Barbosa, Estefânia Maria de Queiroz; Silva, Christine Oliveira Peter da. *Constitutionalismo feminista*. Salvador: Ius Podium, 2018.

Fanon, Frantz. *Peau noire, masques blancs*. Paris: Points, 1952. (cap. IV – "Du prétendu complexe de dépendance du colonisé")

Faria, José Eduardo. *Eficácia jurídica e violência simbólica: o direito como instrumento de transformação social*. São Paulo: Edusp, 1988.

Ferraz Júnior, Tercio Sampaio.; Borges, Guilherme Roman. *A superação do direito como norma: uma revisão descolonial da teoria do direito brasileiro*. São Paulo: Almedina, 2020.

Feukeu, Kwamou Eva; Bourgeois, Robin; Karuri-Sebina, Geci. *Le futur comme bien public: décoloniser le future par recherche-action participative anticipatoire*. Foresight, p. 01-18, 2022.

Filho, Carlos Frederico Marés de Souza. *Bens culturais e sua proteção jurídica*. 3 ed. Curitiba: Juruá, 2011.

–. *O renascer dos povos indígenas para o direito*. Curitiba: Juruá, 1998.

Francischetto, Gilsilene Passon Picoretti (Org.). *Repensando as estratégias de ensino nos cursos jurídicos*. CRV: Curitiba, 2013.

Fraser, Nancy. *Repensando a questão do reconhecimento: superar a substituição e a reificação na política cultural*. In: Baldi, César Augusto (Org.). Direito humanos na sociedade cosmopolita. Rio de Janeiro: Renovar, 2004, p. 601-621.

Gill, Andréa; Pires, Thula. *From Binary to Intersectional to Imbricated Approaches: gender in a decolonial and diasporic perspective*. Contexto Internacional, [S.L.], v. 41, n. 2, p. 275-302, ago. 2019. unifesp (SciELO). http://dx.doi.org/10.1590/s0102-8529.2019410200003.

Glanert, Simone. *Comparaison et traduction des droits: à l'impossible tous sont tenus*. In.: Comparer les droits, résolument. (org Pierre Legrand). Paris: PUF, p. 279-311.

–. *Method?* In.: Methods of Comparative Law (org. Pier Giuseppe Monateri) Cheltenham: Edward Elgar Publishing Limited, p. 61-81, 2012.

Grisales, Dora Cecilia Saldarriaga; Vélez, Martha Isabel Gómez. *Teorías feministas, abolicionismo y decolonialidad: teorias críticas que cuestionan la efectividad de los derechos de las mujeres*. In.: Revista Prolegómenos, v. 1, p. 43-60, 2018

Grosfoguel, Ramón. *De la sociologia de la descolonización al nuevo antimperialismo decolonial*. México: Akal, 2022.

–. *Descolonizando los universalismos occidentales: el pluri-versalismo transmoderno deolonial desde aimé césaire hasta los zapatistas*. In.: El giro decolonial: reflexiones para una diversidad epistémica más allá del capitalismo global. (org. Santiago Castro-Gomez e Ramón Grosfoguel) Bogotá: Siglo Del Hombre Editores, p. 63-77, 2007.

–. *Para descolonizar os estudos de economia política e os estudos pós-coloniais: transmodernidade, pensamento de fron-*

teira e colonialidade global. In: Revista Crítica de Ciências Sociais, n. 80, p. 115-147, 2008.

HADDOCK-LOBO, Rafael. *Caminhos, encruzilhadas, porteiras e feitiços para uma filosofia popular brasileira*. In. Comparative Cultural Studies: European and Latin American Perspective, "Miradas decoloniales a los estúdios socio-antropológicos em Cuba, América Latina y el Caribe", n. 14, p. 31-44, 2022.

HEGEL, Friedrich. *A ciência da lógica*. Petrópolis, Vozes, 1994. (livro I – Doutrina do Ser, Primeira Seção – Qualidade), e no livro II – Doutrina da Essência, Primeira Seção – A essência como reflexão dentro dela mesma).

HIRA, Sandew. *Decolonizing the mind: a guide to decolonial theory and practice*. Haia: Amrit, 2023.

HOBSBAWN, Eric. *Introduction: inventing traditions*. In.: The Invention of Tradition. (org Eric Hobsbawn and Terence Ranger). Cambridge: Cambridge University Press, 1983, p. 1-14.

HONNETH, Axel. *A luta por reconhecimento*. São Paulo: Editora 34, 2003. (Cap. I – Presentificação Histórica, e Cap. II – Atualização Sistemática – item 5 – Padrões de reconhecimento intersubjetivo).

HOSHINO, Thiago de Azevedo Pinheiro. *O direito virado no santo: enredos de nomos e axé*. Tese de Doutorado, UFPR, 2020, 368p.

LANDER, Edgardo. *Ciências sociais: saberes coloniais e eurocêntricos*. In.: A colonialidade do saber: eurocentrismo e ciências sociais e perspectivas latino-americanas (org. Edgardo Lander) Colección Sur Sur, CLACSO, Buenos Aires, p. 8-23, 2005.

LEGRAND, Pierre. *Comparative law*. In.: Encyclopedia of Law and Society, Los Angeles, v. 7, p. 220-223, 2007.

–. *Foreign law as self-fashioning*. In.: JCL, v. 12, n. 2, p. 6-44, 2011.

–. *La comparaison des droits expliquée à mes étudiants*. In. Comparer les droits, résolument. Paris: PUF, p. 209-244, 2009.

–. *Negative comparative law: a strong programme for weak thought*. Cambridge: Cambridge University Press, 2022.

–. *Negative comparative law and its theses*. In.: Journal of Comparative Law, n. 16, v. 2, p. 647-697, 2021.

–. *On the singularity of law*. In.: Harvard International Law Journal, v. 47, n. 2, p. 517-530, 2006.

–. *The impossibility of legal transplants*. In.: Hein Online, Maastricht Journal Eur. and Comp, v. 111, p. 111-124, 1997.

–. *The same and the different*. In.: Comparative legal studies: traditional and transitions. Cambridge: University of Cambridge, p. 240-311. 2003.

LUDWIG, Celso Luiz. *A transformação jurídica na ótica da filosofia transmoderna: a legitimidade dos novos direitos*. In.: Revista da Faculdade de Direito da UFPR, v. 41, n. 0, p. 29-42, 2004.

–. *Para uma filosofia jurídica da libertação: paradigmas da filosofia, filosofia da libertação e direito alternativo*. Florianópolis: Conceito Editorial, 2006.

–. *Da ética à filosofia política crítica na transmodernidade: reflexões desde a filosofia de Enrique Dussel.* In: Fonseca, Ricardo Marcelo (Org.). Repensando a teoria do estado. Belo Horizonte: Fórum, 2004, p. 283-325.

–. *Filosofia política da libertação: reflexões sobre alguns aspectos a partir da filosofia de Enrique Dussel.* In Revista Problemata, v. 7, n. 3, p. 10-28, 2016.

–. *Filosofia política crítica na transmodernidade – fundamentos.* In: Borges, Paulo César Corrêa.(Org.). Leituras de um realismo jurídico-penal marginal: homenagem a Alessandro Baratta. São Paulo: netpdh; Cultura Acadêmica Editora, 2012, p. 215-230.

Lugones, María. *Colonialidade e gênero.* In.: Buarque de Hollanda, Heloísa (org.). Pensamento feminista hoje: perspectivas descoloniais, São Paulo: Bazar do Tempo2020, p. 53-83.

Maldonado-Torres, Nelson. *On the coloniality of human rights.* In. Revista Crítica de Ciências Sociais, n. 114, p. 117-136, dez 2017.

–. *Sobre la colonialidade del ser: contribuciones al desarrollo de un concepto.* In.: El giro decolonial: reflexiones para una diversidad epistémica más allá del capitalismo global. (org. Santiago Castro-Gomez e Ramón Grosfoguel) Bogotá: Siglo Del Hombre Editores, p. 127-168, 2007.

–. *Transdisciplinaridade e decolonialidade.* In: Revista Sociedade e Estado. Vol. 31. Num. 1. Janeiro/Abril, 2016.

Mbembe, Achille. *De la postcolonie: essai sur l'imagination politique dans l'Afrique contemporaine.* Paris: La Découverte Poche, 2020. (especialmente o epílogo "La dernière manière" p. 321-332).

Menon, Gustavo. *Os direitos da natureza na atual constituição equatoriana : o buen vivir e suas contradições.* In.: Sociologia do novo constitucionalismo latino-americano: debates e desafios contemporâneos. (Org. Gustavo Menon, Maurício Palma e Douglas Zaidan) São Paulo: Edições EACH-USP, p. 104-120, 2022.

Michaels, Ralf. *Das Rechtliche Erbe der Kolonialzeit.* In.: Max Planck Paper Series, Hamburg, n. 4, p. 1-6, 2021.

–.; Salaymeh, Lena. *Decolonial comparative law: a conceptual beginning.* In.: Rabels Zeitschrift für ausländisches und internationals Privatrecht, n. 86, p. 166-188, 2022.

Mignolo, Walter D. *A colonialidade de cabo a rabo: o hemisfério ocidental no horizonte conceitual da modernidade.* In.: A colonialidade do saber: eurocentrismo e ciências sociais e perspectivas latino-americanas (org. Edgardo Lander) Colección Sur Sur, Clacso, Buenos Aires, p. 33-49, 2005.

–. *Local histories/global designs: coloniality, subaltern klowledges and border thinking.* Princeton: Princeton University Press, 2012.

–. *Os esplendores e as misérias da 'ciência': colonialidade, geopolítica do conhecimento e pluri-versalidade epistémica.* In: Santos, Boaventura de Sousa (Org.). Conhecimento prudente para uma vida decente. 'Um discurso sobre as Ciências' revisitado.

São Paulo: Cortez, p. 667-709, 2004.

–. *Colonialidade: O lado mais escuro da modernidade.* Revista brasileira de Ciências Sociais. Vol. 32, nº 34, 2017.

–. *Delinking: The rhetoric of modernity, the logic of coloniality and the grammar of decoloniality.* Cultural Studies, v. 2, n. 21, p. 449-514, mar. 2007.

–. *Desobediencia epistémica: retórica de la modernidad, lógica de la colonialidad y gramática de la descolonialidad.* Argentina: Ediciones del signo, 2010.

–. *El pensamiento decolonial: desprendimiento y apertura.* In.: El giro decolonial: reflexiones para una diversidad epistémica más allá del capitalismo global. (org. Santiago Castro-Gomez e Ramón Grosfoguel) Bogotá: Siglo Del Hombre Editores, p. 25-46, 2007.

Mmemi, Albert. *L'homme domine.* Paris: Gallimard, 1968. (ler especialmente o cap. "Racisme et Oppression", p. 257-274)

Oliveira, Luiz Fernandes de; Candau, Vera Maria Ferrão. *Pedagogia decolonial e educaçãoa ntirracista e intercultural no Brasil.* Educação em Revista, v.26, n.01, p.15-40, 2010

Penna, Camila. *Paulo Freire no pensamento decolonial: um olhar pedagógico sobre a teoria pós-colonial latino-americana.* Revista de Estudos e Pesquisas sobre as Américas, v.8, n.2, p. 181--199, 2014.

Quijano, Aníbal. *Colonialidad del poder y clasificación social.* In.: El giro decolonial: reflexiones para una diversidad epistémica más allá del capitalismo global. (org. Santiago Castro-Gomez e Ramón Grosfoguel) Bogotá: Siglo Del Hombre Editores, p. 93-126, 2007.

–. *Colonialidad y modernidad/racionalidad.* In.: Perú Indígena, Lima, v. 13, n. 29, p. 11-29, 1991.

–. *Colonialidade do poder, eurocentrismo e América Latina.* In.: A colonialidade do saber: eurocentrismo e ciências sociais e perspectivas latino-americanas (org. Edgardo Lander) Colección Sur Sur, Clacso, Buenos Aires, p. 107-130, 2005.

–. *El 'movimiento indígena' y las cuestiones pendientes en América Latina.* In.: Review Fernand Braudel Center, v. 29, n. 2, p. 189-220, 2006.

Reis, Vilma. *Juristas negros e negras: por vida e liberdade no Brasil.* In: Discursos Negros: legislação penal, política criminal e racismo. (Org. A. Flauzina; F. Freitas; H. Vieira; T. Pires). Brasília: Brado Negro, 2018.

Reiter, Bernd. Introduction. In.: *Constructing the Pluriverse: The Geopolitics of Knowledge.* (ed. Bernd Reiter). Durham: Duke University Press, p. 1-18, 2018.

Rios, Roger Raupp. *Antidiscriminação, discriminação interseccional e discriminação múltipla.* In.: Themis Gênero e Justiça, v. 3, p. 68-84, 2018.

–. *Concepciones sobre la homosexualidad en las Cortes Constitucionales latinoamericanas.* In.: Revista General de Derecho Constitucional, v. 25, p. 419407, 2017.

–. *Encruzilhadas da democracia: o 'corpo e a alma da magistratura brasileira' e a 'jurisprudência da homossexualidade'.* In.: Revista USP, v. 1, p. 83-98, 2014.

–. *Derecho de la antidiscriminación, discriminación interseccional y discriminación múltiple: concepto y relevancia en el Derecho brasileo y en el sistema interamericano de derechos humanos.* In.: Revista General de Derecho Constitucional (Internet), v. 1, p. 1-20, 2014.

–. *Tramas e interconexões no Supremo Tribunal Federal: Antidiscriminação, gênero e sexualidade.* In.: Revista Direito e Práxis, v. 11, p. 1332-1357, 2020.

–.; Morais, L. S.; Fernandez, G. *O direito à modificação do registro civil por pessoa transexual: um estudo sobre os discursos jurídicos dos tribunais superiores brasileiros.* In. Revista do Instituto de Direito Constitucional e Cidadania, v. 3, p. 35-54, 2019.

–.; Resadori, A. H. *Identidades de gênero e o debate étnico-racial no direito brasileiro Autodeclaração como técnica de proteção antidiscriminatória.* In.: Civitas – Revista de Ciências Sociais, v. 18, p. 10-25, 2018.

–.; –.: *Autodeclaração e proibição de discriminação: identidades sexuais e de gênero.* In.: Revista da Escola da Magistratura do TRF da 4 Região, v. 9, p. 107-123, 2018.

–.; Schafer, G.; Leivas, P. Direito da antidiscriminação e direitos de minorias: perspectivas e modelos de proteção individual e coletivo. In.: Revista direitos fundamentais & democracia (UniBrasil), v. 22, p. 126, 2017.

–; Resadori, A. H.; Leivas, P.; Schafer, G. *O Sistema Interamericano de Direitos Humanos e a discriminação contra pessoas LGBTTI: panorama, potencialidade e limites / The Inter-American Human Rights System and discrimination against LGBTTI: overview, potentiality and limits.* In.: Revista Direito e Práxis, v. 8, p. 1545-1576, 2017.

Rouland, Norbert. *Les colonisations juridiques: de l'Arctique à l'Afrique noire.* In.: Journal of Legal Pluralism and Unofficial Law, London, n. 29, p. 39-45, 1990.

Ruggiu, Ilenia. *Culture and the judiciary: the anthropologist judge.* London: Routledge, 2019.

–. *Il giugice antropologo e il test cultural.* In.: Questione Giustizia, Roma, Associazione Magistratura Democratica, n.1, p. 1-22, 2017.

–. *Interpreting culture in italian courts: a proposal of a 'cultural test'.* In.: Law and Ethics of Human Rights, a. 2, v. 10, p. 425-452, 2016.

–. *The 'cultural test' as cultural expertise: evolution of a legal-anthropological tool for judges.* In.: Laws, a. 8, v. 15, p. 1-15, 2019.

–. *Reati culturalmente motivati in Brasile: il caso di stupro-non stupro presso gli índios Guaranì (con riflessioni sui matrimoni precoce Rom).* In Stato, Chiese e Pluralismo Confessionale, n. 3, p. 62-86, 2022.

Salaymeh, Lena. *Decolonial translation: destabilizing coloniality in secular translations of Islamic law.* In. Journal of Islamic Ethics, v. 5, p. 1-18, 2021.

Santos, Boaventura de Souza. *Filosofia política da libertação: reflexões sobre alguns aspectos a partir da filosofia de Enrique Dussel.* In Revista Problemata, v. 7, n. 3, p. 10-28, 2016.

–. *O discurso e o poder: ensaio sobre a Sociologia da retórica jurídica*. Porto Alegre, Sergio Antonio Fabris Editor. 1988.

–. *Poderá o direito ser emancipatório?* In.: Revista Crítica de Ciências Sociais, n. 65, 2003.

–. *Por uma concepção multicultural de direitos humanos*. Revista Crítica de Ciências Sociais, v. 48, p. 11-32, jun 1997.

SEGATO, Rita. *Crítica da colonialidade em oito ensaios*. (trad. Danú Gontijo e Danielli Jatobá). Rio de Janeiro: Bazar do Tempo, 2021.

SHAH, Prakash. *Legal responses to religious diversity (or to cultural diversity)?* In. Routledge handbook of law and religion (org. S. Ferrari). London: Routledge, p. 119-133, 2015.

–. *The difference that religion makes: transplanting legal ideas from the west to Japan and India*. In.: Asian Journal of Comparative Law, v. 10, n. 1, p. 81-97, 2015.

SCHWARCZ, Lilia; NEVES, Paulo Sérgio da Costa; MOUTINHO, Laura. *Herança colonial confrontada: reflexões sobre África do Sul, Brasil e Estados Unidos*. In.: Revista Estudos Feministas, Florianópolis, a. 3, n. 27, p. 1-18, 2019.

SOLER, Juan Carlos Vargas. *La perspectiva decolonial y sus posibles contribuciones a la construcción de Otra economía*. Otra Economía, v.3, n.4, p.46-65, 2009.

SPIVAK, Gayatri Chakravorty. *Can the subaltern speak? Speculations on Widow Sacrifice*. In. The Journal Wedge, n. 7/8,1985.

TEUBNER, Gunther. *Legal irritants: good faith in british law or how unifying law ends up in new divergences*. In.: The Modern Law Review, v. 11, p. 11-32, 1998.

TUCK, Eve; MCKENZIE, Marcia; MCCOY, Kate. *Land education: indigenous, post-colonial, and decolonizing perspectives on place and environmental education research*. In.: Environmental Education Research, v. 1, n. 20, p. 1-23, 2014.

VERDESIO, Gustavo. *Colonialidad, colonialism y estudios colonials: un enfoque comparativo de inflexion subalternista*. In.: Revista Tabula Rasa, n. 29, p. 85-106, 2018.

WALSH, Catherine. *Interculturalidad, Estado, Sociedad: Luchas (de)coloniales de nuestra época*. Universidad Andina Simón Bolivar, Ediciones Abya-Yala: Quito, 2009.

WIREDU, Kwasi. *Conceptual decolonization as an imperative in contemporary african philosophy: some personal reflections*. In.: Rue Descartes, v. 2, n. 36, p. 53-64, 2002.

WOLKMER, Antonio Carlos. *Introdução ao pensamento jurídico crítico*. São Paulo: Saraiva, 1991.